Christian Hirdes
# Komischer Poet

# Christian Hirdes

# Komischer Poet

## Sprachspielschäden aus fünf Dekäden

Bibliografische Information der Deutschen Nationalbibliothek: Die Deutsche Nationalbibliothek verzeichnet diese Publikation in der Deutschen Nationalbibliografie; detaillierte bibliografische Daten sind im Internet unter dnb.dnb.de abrufbar.

© 2023 Christian Hirdes
Satz und Umschlaggestaltung: Jens Bürger
Fotos (Umschlag): Andres Brunner
Lektorat: Antje Dittrich
Zeichnungen:
Seite 84 und 96: Peter Hirdes
Seite 86 und 98: Daniel Stieglitz
Seite 88: Matthias Reuter
Seite 90: Gesa Nawroth
Seite 92: Achim Hirdes
Seite 94: Holger Ehrich

Herstellung und Verlag: BoD - Books on Demand, Norderstedt

ISBN: 9783758364433

## Inhaltsverzeichnis Seite

# Inhaltsverzeichnis

# Wer das liest ist doof …

… fiel mir kürzlich als möglicher Titel für diese Textsammlung ein, was ich recht witzig fand. Doch schon das erste Bemühen der berühmten Internet-Suchmaschine zeigte mir: Gibt's schon.
Und natürlich dürfen nicht mehrere Bücher den gleichen Titel haben. Hätte ich dieses Werk hier „Der Dativ ist dem Genitiv sein Tod" genannt oder „Die Bibel", würde ich flugs von Bastian Sick oder Gott verklagt.

Heutzutage ist es vergleichsweise leicht herauszufinden, ob man eine Idee als erster hat oder zumindest umzusetzen gedenkt.
Das ist zwar praktisch, aber nicht nur von Vorteil, denn es hemmt die unschuldig daherkommende Kreativität: Vor knapp 30 Jahren etwa fiel mir auf, dass man das Wort „Retorte" der Aussprache nach auch in „Reh" und „Torte" aufteilen kann. Also schrieb ich ein Gedicht, das als Pointe in „Reh-Torten-Kindern" mündet. Hätte es damals schon das Internet gegeben, wäre der Text wohl nie entstanden, denn natürlich war ich auch da nicht der einzige und vermutlich auch nicht der erste.

Egal, denke ich im Nachhinein milde, denn wie sagte Karl Valentin so schön: „Es ist schon alles gesagt, nur noch nicht von allen." Selbst dieses Bonmot übrigens hätte ich bis zum Jahr 2018 hier nicht einfach wiedergeben dürfen, denn die Erben des Münchner Komikers nahmen es sehr genau. Seitdem aber ist er seit mindestens 70 Jahren tot und darf frei und ungestraft zitiert werden. Was ich so pseudowissend daherschreiben kann, weil ich hierfür eine Minute Online-Stöbern investiert habe.

Heute läuft es im Gegensatz zu meiner naiven Reh-Torten-Zeit so, dass ich keine (Wortspiel-)Idee ausarbeiten und verwenden mag, die es schon gibt, sei es künstlerisch oder auch nur als User-Name in einem Internetportal. Also tippe ich jeden Geistesblitz erst mal in die mächtige Suchmaschine ein. „Story-Teller" kam mir zum Beispiel jüngst in den Sinn – als ein mit einer Geschichte beschriftetes Geschirrteil. Gibt's schon!
Ebenso wie die bedauernswerte Dame mit dem Fell auf Gaumen und Zunge namens „Mund-Haar-Monika".
Sogar die Idee, mit dem Sprichwort „Hunde, die bellen, beißen nicht" zu spielen in Form irgendwie gearteter Libellen, die nicht

beißen, fand ich im Netz, wenn auch nur als „Spruch" und in der Version „Runde Libellen ..." Die klanglich nicht ganz perfekten aber inhaltlich lohnenderen „tumben Libellen" immerhin habe ich mir offenbar bislang als einziger einfallen lassen.
Auch ein schöner Buchtitel, dachte ich neulich. Bis mich meine Mutter am Telefon fragte, ob ich mich denn inzwischen mal endlich auf einen solchen festgelegt hätte, und meine Antwort „Tumbe Libellen beißen nicht" ein vielsagendes Schweigen zur Folge hatte.

Sie merken: Eigentlich müsste es mir leichtfallen, einen noch nicht geschützten Namen für dieses Buch zu finden, denn ich habe ein Faible für eher sonderliches bis abwegiges: „Lieder wo am Ende jemand stirbt" nannte ich 2007 mein zweites Solobühnenprogramm, worüber sich meine damalige Künstleragentur zu Recht so gar nicht freute, da dies mein Schicksal besiegelte, dass sich der kabarettpreisgekrönte und scheinbar aufstrebende Nachwuchskünstler nun nicht als massenkompatibler Comedian etablieren würde.

Eine unveröffentlichte Zusammenstellung nicht programmtauglicher Songs hatte ich ein paar Jahre zuvor als Geburtstags- und Weihnachtsgeschenke für Freunde und Familienmitglieder auf CDs gebrannt und diese, unter dem Pseudonym „Chris His" firmierend, genannt:
„Wenn ich einer von euch sein soll, müsst ihr auch welche von mir sein."
Auch das kam mir jüngst wieder in den Sinn, auf der Suche nach einem Titel für dieses Buch, einen, für den ich zumindest ganz sicher nicht verklagt werde.

Und vielleicht hätte dieser ja am besten gepasst!
Denn wer das hier gerade liest, ist zwar nicht doof, sollte aber zur Zielgruppe einer sprachverspielten und zeitentgeisterten (auch so eine Wortschöpfung, auf die ich laut Internet leider nicht als erster kam) Art von Humor gehören, die in diesem Vorwort hoffentlich erkennbar wurde.

Natürlich hätte ich es stattdessen auch auf einen Bestseller anlegen können. Und natürlich wäre das aufgegangen:
„Wer dieses Buch nicht hat, könnte genauso gut schon tot sein", hätte ich es etwa nennen können, und der Erfolg wäre doch sicher gewesen!

Oder „Dem Gott sein Dativ ist der Bibel ihr Tod".

Doch ich bemühe erst gar nicht die Suchmaschine, um herauszufinden, ob diese Ideen bereits markengeschützt sind, denn das ist mir zu platt – und wäre vor allem nicht ehrlich.

Zum Glück muss sich dieses Buch nämlich auch gar nicht millionenfach verkaufen, um als erfolgreich gelten zu können:

Erstens ist es hierfür doch unter uns gesagt völlig ausreichend, wenn Sie, ja, genau Sie, die Sie gerade im Moment noch immer weiterlesen, das gern tun.

Zweitens ist es dankenswerterweise das Ergebnis eines Stipendiums, das Kunstschaffenden vom Land Nordrhein-Westfalen gestiftet wurde, um uns angesichts der harten Auswirkungen der Maßnahmen gegen die Ausbreitung des Coronavirus finanziell zu unterstützen.

Mein eingereichtes Vorhaben, „als literarischer Kabarettist eine Auswahl meiner (Bühnen-)Texte (Gedichte und Prosa) nebst neuen Werken und stimmigen Anmerkungen zu einem Buch zusammenzufügen", wurde in diesem Zuge bewilligt. Und dies hier ist eben das Ergebnis.

Auch wenn es etwas vom Vorhaben abweicht, da es auch nicht für die Bühne geeignete Texte enthält und zahlreiche, die erst durch die Arbeit an diesem Projekt inspiriert und neu verfasst wurden.

Auch jenes Stipendium hat übrigens einen Titel – der erkennbar und zum Glück nicht von mir ersonnen wurde; und mit diesem leite ich jetzt ganz massenkompatibel zum eigentlichen Inhalt über:

„Auf geht's!"

# Künstlerpech

## Mein erster Witz, der nicht ankam (2021)

Ich weiß noch, als zum Zeitvertreib
ich einst mein erstes Wortspiel machte.
Da war ich noch im Mutterleib,
weswegen ich als einz'ger lachte.

Ich hatte dies Gespräch gehört:
Da ging's um mich, wann's so weit sei.
„Ich schätze", hatt' der Arzt erklärt,
„zwei Tage noch, vielleicht auch drei."

Das sah ich anders, rief im Nu:
„ 'Ne Woche halt ich's hier noch aus",
und fügte dann spontan hinzu:
„... sag' ich mal aus dem Bauch heraus ..."

*In Wirklichkeit schrieb ich mein erstes hier vorzeigbares Wortspiel-Gedicht etwa mit Vierzehn, kurz nachdem ich den Klavierunterricht geschmissen hatte. Schuld war der ungarische Komponist Béla Bártok, und das kam so:*
*Ohne dass meine Klavierlehrerin dies bemerkt hätte, hatte ich es nie gelernt, nach Noten zu spielen, kann sie bis heute nur mühsam entschlüsseln. Ich machte meine Klavier-Hausaufgaben nämlich entweder gar nicht oder übte ein Stück so lange, bis ich es auswendig vorspielen und dabei auch noch aufs lästige Notenblatt schauen konnte. Auf dem Weg dahin half mir mein Gehör: Klang das Entschlüsselte gut, war es wohl richtig. Bis Bártok drankam. Nun klang es, auch wenn es richtig war, falsch. Zumindest in den Ohren eines durch väterliche Schlagermusikkassetten geprägten Heranwachsenden, für den ein Intervall wie der Tritonus einfach kakophon daherkommt. Danke für nichts, Béla!*

## Nüsse bei Mozart (ca. 1988)

Mozart, Wagner und auch Béla Bártok
war'n beim Wolfgang, und sie schrieben Hardrock.
Am Klavier, an dem man sich befand,
war'n Gefäß mit Haselnüssen, das da stand.

Mozart sprach: „Auf dass ihr sie probieret,
diese Nüsse sei'n euch offerieret."
Béla aber zog gleich seine Schlüsse:
„Vielen Dank, doch ich bevorzug' Tritonüsse."

*Vielleicht wird in diesem Frühwerk ein dichterisches Vorbild erahnbar: Heinz Erhardt. Das Originalgedicht des Meisters, auf das ich mich im folgenden kurzen Text beziehe und das ich mich hier aus rechtlichen Gründen nicht einfach zu zitieren traue, trägt vermutlich den Titel „Ein Ostergedicht". Einfach mal die große Suchmaschine anwerfen …*

## Variation eines Heinz-Erhardt-Gedichts (2021)

Es schenkte mir zum Weihnachtstag
die Oma Wein, den ich nicht mag.

Wie peinlich, als am Ostertag
noch immer im Regal er lag.

Die Oma sprach: „Bis Pfingsten
da trinksten."

*Sie merken: Neben Wortspielen sind es einfach originelle Reime, die es mir seit jeher angetan haben, und dies wird sich auch durch diese Textsammlung ziehen …*

## Fußballer ohne Lohn
### (Reimexperiment 1) (2021)

Vor einer Woche noch beinah ge-stein-igt …
Nun wird sein Name wohl in Flaggen ein-ge-stickt:
Sein Treffer zählt, der Schiri hat's be-schein-igt.
Der Stadionsprecher hinter seiner Schei-be nickt.

Vom Pech, das an ihm klebte, jäh ge-rein-igt
denkt froh er: „Kopfballtor! Ich hab ihn rein-ge-nickt!"
Zu Haus' dann hat er sich zwar schnell ge-ein-igt
mit ihr auf wilden Sex, doch ist dann ein-ge-nickt.

# Neues zu „Peter und der Wolf" (2013)

Sergei Prokofjew schrieb 1936 „Peter und der Wolf", ein musikalisches Märchen für Kinder. Angeregt wurde er von Natalija Saz, der künstlerischen Leiterin des Moskauer zentralen Kindertheaters, wo das Stück auch mit ihr als Sprecherin uraufgeführt wurde.

Erst jetzt tauchte ein geheimer Gesprächsmitschnitt auf, der eine Besprechung zwischen Komponist und künstlerischer Leiterin wenige Wochen vor der Uraufführung dokumentiert und zeigt, dass die Zusammenarbeit nicht nur von Harmonie geprägt war. Ja, dass das Projekt „Peter und der Wolf" kurz vor dem Scheitern stand …

P.: Okay. Neuester Entwurf … Also. (räusper) „Es spielen mit: der Vogel." Dann das Vogelthema … „Die Ente". Das Ententhema …
S.: Moment, wie …? Der Vogel und die Ente?
P.: Ja, was?
S.: Ja, 'ne Ente ist doch auch 'n Vogel.
P.: Ja, aber nicht so'n richtiger, nicht so'n … klassischer Vogel halt. Wie der andere Vogel eben.
S.: Was ist denn der andere für einer?
P.: Keine Ahnung. Einer, der so piept, so singt, wie 'ne Querflöte eben. Ich kenn' mich mit Vögeln nicht so aus.
S.: Da sag' ich jetzt nichts zu. Aber jedenfalls, das musst du umschreiben, weil 'ne Ente ist ja auch 'n Vogel.
P.: Das kommt doch auch später: „Was bist du für'n Vogel, dass du nicht fliegen kannst?", sagt der Vogel zur Ente, und dann sagt die Ente: „Was bist du denn für'n schräger Vogel, dass du nicht schwimmen kannst?"
S.: Aber der Punkt ist: Du kannst nicht sagen, „wir haben erstens a und zweitens b", wenn b eine Teilmenge von a ist …
P.: Verstehst du? Die Ente kann nicht fliegen, aber dafür kann der Vogel nicht schwimmen. Der eine kann dies nicht, der andere das nicht, das kann man auch irgendwie metaphorisch deuten …
S.: Aber Enten können doch fliegen.
P.: Was??
S.: Enten können doch fliegen.
P.: Echt?
S.: Klar.
P.: Ja, aber nicht alle.
S.: Welche denn nicht?
P.: Ja, äh, weiß jetzt nicht, aber nicht so gut jedenfalls.

S.: Aber eine Ente ist definitiv ein Vogel ...

P.: ... und in dem Märchen jedenfalls. Da können Enten eben nicht fliegen. Zumindest nicht gut genug, um dem Wolf zu entkommen.

S.: Apropos dem Wolf entkommen ...

P.: So, und das ist doch der Witz, erst sagt der Vogel zur Ente ...

S.: ... die ja wie gesagt ihrerseits selbst ...

P.: „Du kannst nicht fliegen", sagt er ...

S.: Ja, das hab ich jetzt schon verstanden!!

P.: Darauf sie: „Tja, und dafür kannst du aber nicht schwimmen. So what?"

S.: „So what"?

P.: Äh, ja ... Ich hab' doch einige Zeit in Amerika gelebt. Sorry.

S.: Aber was mir eben eingefallen ist, hast du die Sache mit dem Schluss gelöst? Das Dilemma mit der gefressenen Ente?

P.: Ja. Hab' ich, hab' ich!

S.: Erzähl.

P.: Hammer. Also, ich hab' das mit dem Happy End hingekriegt für die Kinder, pass auf. EIN Satz, ganz am Ende. Und zwar so in etwa: „Und wenn man genau hinhörte, konnte man die Ente im Magen des Wolfes quaken hören, denn er hatte sie in der Eile in einem Stück heruntergeschluckt."

S.: ....

P.: Und?

S.: Wo ist denn da das Happy End?

P.: Na ja, die Ente ist gar nicht tot!

S.: Ja, aber sie ist im Magen von dem Wolf drin! Das ist doch kein Happy End, du kannst doch nicht ...

P.: Die Ente lebt! Du hast gesagt: Mach, dass die Ente nicht tot ist am Ende, und ich sage, die Ente ist nicht tot, man kann sie im Magen des Wolfes ...

S.: Na und dann?

P.: Ja nichts, dann. Ente gut, alles gut.

S.: Ja, wenn der tapfere Ritter die Prinzessin geheiratet hat. Aber doch nicht, wenn 'ne Ente im Magen von dem Wolf drinsteckt! Wo sie keine Luft kriegt und qualvoll verreckt, weil sie von seiner Magensäure zersetzt wird ...

P.: Die kommt schon noch raus, die Scheiß-Ente! Aber eben nicht mehr in der Geschichte! Denk an Jona und den Wal. Der hat auch überlebt, oder?

S.: Aber das ist kein Märchen.

P.: Aber das doch ist das Gleiche!

S.: Aber 'n Wal ist doch auch von der Größenordnung her 'n ganz anderes Kaliber als 'n Wolf. 'N Wal ist doch so'n Kawenzmann, da kann man vielleicht im Magen 'ne Zeitlang …

P.: Jona ist ja auch 'n anderes Kaliber als 'ne Ente.

S.: Wie wär's, wenn wir's so machen, wie ich's ganz ursprünglich vorgeschlagen habe? Sie schneiden dem Wolf den Bauch auf und holen die Ente …

P.: Chirurgische Eingriffe beim Wolf sind kategorisch ausgeschlossen. Das hab' ich gaaanz am Anfang klargestellt!

S.: Aber lass uns doch nochmal drüber reden.

P.: Nein, das ist durch. Das kann man heutzutage nicht mehr bringen. Abgedroschen: Rotkäppchen, sieben Geißlein. Nee nee. Hat mein hungriger Wolf Wackersteine verdient, nur weil Peter zu doof war, die Gartentür zuzumachen? Diese Geschichte ist nämlich viel vielschichtiger als diese Grimm-Sachen.

S.: Und wenn der Wolf die Ente gar nicht erst frisst?

P.: Was?

S.: Die Ente wird einfach gar nicht …

P.: Bist du bekloppt?

S.: Die Ente ist überhaupt nicht in seinem Magen!

P.: Aber das gehört doch zur Geschichte!

S.: Sie könnte im letzten Moment doch noch weggeflogen sein.

P.: Die kann doch gar nicht fliegen!

S.: Eigentlich ja doch.

P.: Aber dann muss ich die Musik wieder umschreiben.

S.: Aber die Ente muss nicht raus aus dem Magen, wenn sie nicht drin war.

P.: Blöd! Blödblödblöd.

S.: Herr Prokowjef!

P.: Frau Saz!

S.: Die Ente bleibt draußen!

P.: Ach was!

S.: Die Ente bleibt draußen!

P.: Was erlauben Sie sich?

S.: Sergei!

P.: Sagen Sie nicht Sergei zu mir!

## Erfolgreiche und erfolglose Unterhaltungs-künstler im Wandel der Zeit (2022)

**Früher:**
Als Minnesänger warb er um
des holden Fräuleins Gunst.
Als Hofnarr galt dem Herrscher zum
Vergnügen seine Kunst.

Gefiel's dem Weib, war sie bereit,
ein Küsslein ihm zu geben.
War man bei Hof vom Narr'n erfreut,
hatt' der ein schönes Leben.

Doch fand das Weib die Minne blöd,
so blieb sie zugeknöpft.
Fand der Regent die Späße öd,
so wurd' der Narr geköpft.

**Heute:**
Der Künstler tritt auf Bühnen auf
mit Text, Musik, Jonglage.
Vor Publikum. Das kam zuhauf
und sichert seine Gage.

Und wenn des Künstlers Show gefiel,
darf er Applaus erwarten.
Wenn nicht, wird er zum Schluss das Ziel
von Eiern und Tomaten.

**In der Zukunft:**
Der Künstler wirkt als Avatar
live in des Kunden Wohnung.
Bleibt er 'ne ganze Weile da,
gibt's per Paypal Entlohnung.

Doch wenn – wie meistens – nach Sekunden
bereits die Lust erlischt,
dann wird der Künstler von dem Kunden
ganz einfach weggewischt.

## Limericks (2021-2022)

Morgens früh sprach ein Dichter aus Herne:
Einen Limerick schrieb' ich heut' gerne,
was nicht schwierig sein kann.
Doch dann saß er noch dran
spät am Abend im Licht der Laterne.

Ein Balletttänzer, stammend aus Kleve,
weit entfernt von zu Haus' als Eleve,
wurd' sein Heimweh nie los.
Heute geht's ihm famos
als Kassierer in Kleve bei Rewe.

Es wollt' 'ne Geschäftsfrau aus Hamm
zwar eigentlich nach Amsterdam,
doch war der Pilot
ein Vollidiot.
Und nun sitzt sie fest im Vietnam.

Ein vom Brechreiz Geplagter aus Bottrop
dacht': Statt dass ich jetzt noch bis zum Pott robb',
schaff' ich's glaub' ich nur
noch bis in den Flur …
… Oh, oh, selbst das nur, wenn ich flott robb'.

Ein Aufreißer aus Mülheim-Styrum
dacht' nie lang auf der Theorie 'rum,
dass jede ihn will.
Doch nun traf er Jill
und fragt sich: Wie krieg' ich bloß DIE 'rum?

17

## Ein komischer Poet bei Fressnapf (Gemischte Tüte Reloaded) (2022)

*„Gemischte Tüte für drei Mark.*
*Ich glaube fast, mich trifft der Schlag.*
*Gemischte Tüte ist zwar lecker,*
*doch geht allen auf den Wecker.*
*Lass mich doch einfach vor, du dummes Blag!"*
Gemischte Tüte (Song, 2000)

Ich weiß ja nicht, ob auch Sie schon mal in stillen Momenten auf Ihr bisheriges Leben zurückgeblickt und dabei eine Top-Ten-Hitliste erstellt haben von Situationen, in denen Sie am liebsten vom Erdboden verschluckt worden wären. Ich kam erst vor kurzem auf diese Idee.

Bei einem vorweihnachtlichen Besuch einer „Fressnapf"-Filiale hatte ich mich für ein bunt blinkendes LED-Hundehalsband für 17,90 Euro entschieden. Vielleicht sollte ich an dieser Stelle erwähnen, dass wir einen Hund haben.
„Zwei Jahre Garantie, Quittung aufbewahren", waren die letzten Worte des Verkaufsberaters, ehe ich mich Richtung Kasse aufmachte, wo zwei Personen vor mir an der Reihe waren. Die junge Dame zu meiner Linken bemerkte alsbald das einzelne Produkt in meiner Hand und bot prompt an: „Ich lasse Sie gern vor. Ich schau' sowieso noch mal eben da hinten was nach."
Der andere Kunde stand weit von mir entfernt, und sein Großeinkauf war bereits in Bearbeitung. Dabei ging es derzeit nicht besonders rasch voran: Amüsiert dachte ich an mein altes Kiosk-Lied „Gemischte Tüte", da die Kassiererin allerlei offenbar von Hand mit Hundeleckerchen befüllte Papiertütchen erst abwog, dann den jeweiligen Preis in einer Liste nachsah, um ihn schließlich mangels Barcode gleichfalls von Hand in die Kasse einzutippen.
Bald überlegte ich, die Wartezeit nebenbei anderweitig zu nutzen, vielleicht ja kreativ. Den ersten Gedanken, mein altes Lied auf die aktuelle Situation umzumünzen und dabei etwa „Gummibärchen" durch „Rinder-Öhrchen" zu ersetzen, verwarf ich schnell. Dann fiel mir ein, dass ich schon immer mal einen Prosatext schreiben wollte, der mit den gleichen Worten endet, mit denen er auch beginnt. Doch auch dieser Gedanke erwies sich als aktuell unbrauchbar.

Inspiriert durch die Umgebung fiel mir jetzt aber eine Limerick-Idee wieder ein, die ich einige Wochen zuvor vage ersonnen hatte. Wie im Fluge verging nun die Zeit, als ich auf Silben und Wörtern herumdenkend am Text bastelte und feilte, bis ich die fünf Verse im Kopf vollendet und fixiert hatte.

> *Ein Tierfreund aus Düsseldorf-Flingern*
> *befreite gern Hunde aus Zwingern*
> *bis zum Tag der Lektion:*
> *Undank ist der Welt Lohn.*
> *Seither lebt er mit nur noch neun Fingern.*

Auf dem Warenband ging es nach den „Gemischten Tüten" indes etwas schneller voran. Wie ich sehen konnte, würde das Finale des Großeinkaufs aus 16 Paletten (4 x 4 übereinandergestapelt) mit jeweils 12 Dosen Hundefutter bestehen. Direkt dahinter stand der von Fachkräften so genannte Warentrenner – der einzige hier vorhandene –, und dicht darauf folgten bereits die kompakt abgelegten Artikel der freundlichen Frau, die mich vorgelassen hatte und indes nicht mehr in Sichtweite war. Also hielt ich das LED-Leucht-Hundehalsband einstweilen in der Hand, zudem einen inzwischen herausgekramten 20-Euro-Schein, und beschloss, die Wartezeit weiter kreativ zu nutzen.
Ich kramte erneut in meinem Hinterkopf-Ideen-Repertoire. Aktuell nicht umsetzbar erschien mir mein Plan eines Vortrages mit dem Titel „Political Correctness in der historischen Musikwissenschaft: Vom Zigeunerjazz zum Sinti-Pop."
Doch fiel mir ein, dass ich tags zuvor einen Witz gelesen und mir den Versuch vorgenommen hatte, auch diesen bei Gelegenheit in die Form eines Limericks zu gießen. Da ich Muße genug hatte, gelang auch das, während viel Zeit kurzweilig verstrich:

> *Zu dem Hai sprach das Weibchen im Fjord,*
> *ganz beseelt vom romantischen Ort:*
> *„Welch' drei Worte zu hör'n*
> *würde dich jetzt betör'n?"*
> *Er entgegnete: „Mann über Bord!"*

Auf dem Warenband waren nun die 16 finalen Paletten an der Reihe. Die Frau war längst zurückgekehrt, und ein weiterer Kunde stand hinter ihr, fast konnte man schon von einer Schlange sprechen.

Für den letzten Akt des Großeinkaufs erhob sich die Kassiererin zunächst und inspizierte den Inhalt der ersten oberen Palette. Eine jede solche war, wie ich bald lernte, offenbar mit verschiedenen Sorten von Futterdosen bestückt. Die Fachkraft hob also eine erste solche Dose an, scannte sie, stellte sie zurück, gab dann per Knopfdruck die Anzahl der Exemplare dieser Sorte in die Kasse ein, danach verfuhr sie mit weiteren Dosen ebenso, bis sie alle zwölf korrekt erfasst hatte. Dann wuchtete sie die ganze Palette ebenso energisch wie zunächst überraschend mit einer flinken halben Drehung ihres Oberkörpers über den Scannerbereich hinweg auf die andere Seite, wo der Einkäufer die Dosen seelenruhig in allerlei Behältnisse verstaute. Während er die nun nutzlose Papppalette zerkleinerte und im Altpapiercontainer neben sich entsorgte, schnaufte die Fachangestellte erst mal ein paar wohlverdiente Sekunden lang durch, ehe sie sich kraftvoll in die Ausgangsposition zurückdrehte und alsbald der nächsten Palette widmete.

Zwei weitere Kunden standen jetzt an.

Mein Versuch, erneut kreativ zu werden und nunmehr ein Sonett zu verfassen, scheiterte nach einigen Versuchen allein mangels Inspiration und nicht aus Zeitgründen.

Derweil erschien mir meine erste Idee, meinen alten Song „Gemischte Tüte" umzutexten und auf die aktuelle Situation zuzuschneiden, gar nicht mehr so verkehrt.

Doch schließlich war es so weit. Die Kassiererin hatte mit ihrem Warenscanner den Inhalt der letzten Hundefutterpalette erfasst und wuchtete diese nun wie die 15 vorherigen auf die Kundenseite herüber. Dann schnaufte sie, dort verharrend, so lange durch, dass ich ihre Erleichterung spüren konnte über das erlösende Ende dieses langen Kapitels ihres heutigen Arbeitstages. Nur ein Klick auf die entscheidende Taste ihrer Kasse fehlte noch, dann könnte die Ansage an den Kunden folgen: „374,86 Euro bitte." Und sofern der Kunde nicht zahlungsunfähig wäre oder sonst irgendwas völlig bescheuertes passieren würde, wäre dann ich an der Reihe.

Und schnell abgefertigt, um Platz für die inzwischen beachtlich angewachsene Schlange hinter mir zu schaffen.

Vorsichtshalber ließ ich noch ein paar weitere Sekunden vergehen, ehe ich das Timing als perfekt ansah und nun endlich mein 17,90-Euro-LED-Leucht-Hundehalsband ablegte, unmittelbar vor dem Warentrenner, hinter welchem ja die von der freundlichen

Frau platzierten Produkte warteten. Doch eine gefühlte Millisekunde später geschah es: Zum 16. Mal und doch völlig unerwartet drehte sich die Kassiererin erneut in die Ausgangsposition zurück, diesmal roboterhaft, erblickte prompt das 17,90-Euro-LED-Leucht-Hundehalsband und griff automatisch zu. Im selben Moment, als ich sehr laut und verzweifelt „NEIN!" schrie, und zwar in Großbuchstaben, großes N, großes E, großes I, großes N, war auch schon das unschuldige Piepsen des Scan-Kassensystems zu hören.

„Das ist nicht meins", ruft der Typ vor mir.
„Das ist meins", sage ich zeitgleich und beabsichtige, fortzufahren mit „das war nämlich so: Die junge Dame wollte mich ja höflicherweise ..."
Doch stattdessen sage ich nur „Das ist meins ... ", schon unterbricht mich die Fachangestellte sehr schrill, wobei sie mich völlig entgeistert anstarrt:
„Und das haben Sie jetzt gerade hier hingelegt?"
Ebenfalls in Großbuchstaben fügt sie hinzu:
„OHNE WARENTRENNER???"
„Ich dachte doch, Sie hätten gesehen, dass der andere Einkauf fertig war, zudem war da ja auch gar kein weiterer Warentrenner ... ", beabsichtige ich zu sagen.
Doch stattdessen sage ich nur: „Ich dachte doch, Sie hätten gesehen ..."
„Hab' ich aber nicht!", schneidet sie mir erneut spitz das weinerliche Wort ab, dann atmet sie sehr, sehr tief durch. Während der Großkunde sich ihr von der anderen Seite aus zuwendet und mit noch leichter Unruhe in der Stimme fragt: „Moment mal, heißt das, Sie müssen das jetzt alles noch mal eingeben?", betätigt sie auch schon die Lautsprecheranlage, und durchs ganze Geschäft, bis hin zum inzwischen nicht mehr mit bloßem Auge erkennbaren Ende der Warteschlange, ist ihre brüchige Stimme zu hören: „Kasse Eins, Storno!"

Ich weiß ja nicht, ob auch Sie schon mal in stillen Momenten auf Ihr bisheriges Leben zurückgeblickt und dabei eine Top-Ten-Hitliste erstellt haben von Situationen, in denen Sie am liebsten vom Erdboden verschluckt worden wären. Ich kam erst vor kurzem auf diese Idee.

*Der einzige englischsprachige Text in diesem Buch ist eine Kurzversion eines gleichnamigen Gedichtes des englischen Romantikers William Wordsworth aus dem Jahre 1804. Das nächste Kapitel beginnt dann mit einer längeren, deutschsprachigen Bearbeitung, die dem Inhalt des Originals teilweise (!) näherkommt. Wer also nicht weiß, was „daffodils" bedeutet, findet die Lösung schneller als jede Suchmaschine durch ganz analoges Umblättern (erste Strophe, vorletzter Vers, letztes Wort, **fettgedruckt**)!*

## I wandered lonely as a cloud (ca. 1996)

I wandered lonely as a cloud,
did not know what to write about.
Those daffodils I am ignoring.
Okay, they're beautiful, but boring.
And nothing can inspire me.
My publisher will fire me!

# Genau hingeschaut

## Ich wandelte einsam wie eine Wolke (ca. 1996)

Wie eine Wolke wandelte
ich still und einsam durch die Gegend,
sah auf die unverschandelte
Natur, so rein und so bewegend.
Und neben Bächen, Seen und Flüssen
auf einer grünen Sommerwiese,
da sah ich eine Schar **Narzissen**.
Die tanzte lustig in der Brise.

Welch Schönheit und Beständigkeit!
Wie Sterne, die am tiefen, dunklen,
endlosen Himmel aufgereiht
erhaben, ruhig und tröstlich funkeln.
So standen sie in Reih' und Glied,
die zarten, friedlichen Narzissen.
Ein Meer, das endlos lang sich zieht.
Wie viel' es war'n, kann kein Mensch wissen.

Der Rest der Welt wurd' nebensächlich.
Ich sah nur noch die bunten Pflanzen.
Sie war'n so zart und so zerbrechlich.
Ich sah ihr wellengleiches Tanzen.
Da fühlt' ich plötzlich jenen Drang.
Jäh wurd' ich aus dem Traum gerissen.
Zum Handeln die Natur mich zwang:
Ich musste mal. Auch Dichter müssen.

Oft, wenn auf meiner Couch ich sitze
und fühle plötzlich meine Blase,
denk' ich an jene große Pfütze,
die damals ich im hohen Grase
absonderte auf jene Schar
von glitzernd tröpfelnden Narzissen.
Niemals vergess' ich, wie das war,
auf die Narzissen draufzupissen.

## Lisa und ihre vier chinesischen Freundinnen: Blusenverleih (ca. 2002)

In der Boutique begegnete Lisa zufällig ihren vier chinesischen Freundinnen Li, Si, Tsi und Tsu.
Lisa sah Tsi. Tsi sah Lisa.
Lisa sah Li. Li sah Lisa.
Lisa, sieh Tsu!
Lisa sah Tsu nicht.
Aber Lisa sah Si. Si stand in einer Umkleidekabine, suchte eine Bluse für einen besonderen Anlass – und hatte den Vorhang offen gelassen. Lisa war das unangenehm, Lisa sah nicht hin, doch die anderen sahen Si zu:

Tsu sah Si zu.
Lisa sagte: „Zieh den Vorhang zu, Si!"
Tsi sah Si zu.
Lisa sagte: „Zieh zu, Si!"
Li sah Si zu.
Lisa sah Si nicht zu.
Lisa, sieh zu!
Doch Lisa sah Si nicht zu.
Sieh Si zu, Lisa!
Doch Lisa sah Si nicht zu.
Lisa, sieh zu!
Nun sah Lisa Tsu.
„Hallo", sagte Lisa zu Tsu.

„Ich finde keine passende Bluse", sagte Si.
„Tsi trägt ein schönes Oberteil", sagte Tsu.
„Sieh Tsis Oberteil an, Si,
sieh Tsis an, sieh's an.
Zieh Tsis Oberteil an, Si,
zieh Tsis an, zieh's an!"

Und Tsis Bluse passte Si.
Si, sieh sie an!
Si sah sie an.
Die Bluse sagte Si zu.
Li sah Si an.
Die Bluse sagte Li zu.
Die Bluse sagte Tsu zu.
„Die Bluse", sagte Tsu zu Li, „die Bluse ist schön."
„Schöne Bluse", stimmte Li Tsu zu, und Tsi lieh sie Si.

## Durch falsche Kleiderauswahl
## verpatztes Rendezvous (2006)

Sie steht vor dem Schrank, wo sie grübelnd sich fragt:
„Was zieh' ich jetzt an, welches Kleid?"
Das ält're ist sexy und eng und gewagt,
das neuere luftig und weit.

Sie findet das Enge und quetscht sich hinein
und flucht dann, das andere suchend.
Da klingelt's auch schon, und sie murmelt: „Oh nein",
und eilt dann zur Tür, weiter fluchend.

„Wie früher zu früh", sagt er strahlend und stiert
verstört dann aufs hautenge Kleid.
Sie sagt, während sichtlich sein Lächeln gefriert:
„Siehst gut aus." „Du auch", grinst er breit.

Er setzt sich. Sie murmelt: „Ich such' mir gerad' nur
noch rasch was Bequem'res für heute."
Und schleicht Richtung Schrank, und er flieht Richtung Flur.
Dann suchen sie beide das Weite.


## Videobeweis (2020)

Beim Fußball herrscht allein
der Video-Imperator.
Der sagt im Nachhinein:
„War kein Tor" oder „War Tor".

*Mehrmals half ich im Laufe vieler Jahre einem Freund bei Umzügen. Als er sich einst von seiner ersten Ehefrau und damit nicht minder schmerzhaft von der gemeinsamen geräumigen Altbauwohnung trennte, fand er zunächst im Klassenzimmer einer ehemaligen Schule eine unkonventionelle und äußerst günstige Bleibe, mochte sich aber trotz der räumlichen Verkleinerung nicht von diversen Möbel-, Kleidungs- und Erinnerungsstücken trennen. Also mietete er zudem eine fast ebenso kostspielige Autogarage, die wir von unten bis oben und hinten bis vorn mit Kram vollpackten. Nach langer Zeit und weiterer Wohnungswechseln fand er schließlich sein Zuhause, gemeinsam mit seiner zweiten Ehefrau, die ihm im Zuge des finalen Umzugs auferlegte, nun endlich auch die noch immer gemietete Garage aufzugeben. Nun räumten wir also die seit ihrer Bestückung unberührte Lagerstätte wieder aus und entsorgten den gesamten Inhalt ...*

## ... Auf dem Wertstoffhof in Altenessen (2018)

Der Besuch des Wertstoffhofs in Altenessen ist für einen Bochumer ein befremdliches und auch bedrückendes Erlebnis.
Denn Bochum ist, wie der direkte Vergleich zeigt, ein Entsorgungsparadies. Das hier zuständige Unternehmen bietet den Bürgerinnen und Bürgern neben einem großen Hauptwertstoffhof auch mehrere beschauliche Stadtteilwertstoffhöfe. Diese genügen den Alltagsentsorgungsansprüchen völlig und kommen dabei ohne jegliche Schranken und Kontrollen, ohne Gebühren und Wartezeiten aus. Man parkt sein Auto direkt neben dem Gelände, nimmt sich einen Handwagen und lädt den mitgebrachten Müll um. Zu Fuß geht's nun mitsamt dem bepackten Wagen durch den weit geöffneten Eingang in Richtung der verschiedenen Container, ungehindert an zwei Mitarbeitern vorbei, die zurückgezogen in einem Häuschen sitzen, wie Zollbeamte an der deutsch-niederländischen Grenze in Zeiten des Schengen-Abkommens. Man erahnt die beiden Herren des Hofes hinter einem Schiebefenster, wie man es von Ruhrgebiets-Kiosken kennt, in diesem Fall aber signalisiert seine nur einen Spalt weite Öffnung: Solange wir hier drin nicht gestört werden, stören wir auch keinen.
Auf Vertrauen und Zutrauen also fußt das Prinzip, nach dem der Bochumer sich kostenlos von all dem trennen kann, was er nicht im regulären Hausmüll loswird, Gartenabfälle, Möbel, Elektroschrott, Autoreifen, Plutonium.

Im Vergleich hierzu fühlt es sich vor den Mauern des Wertstoffhofs in Altenessen an wie an der tschechoslowakisch-deutschen Grenze 1983. Einige hundert Meter vor dem Erreichen des Zielortes gerät die Anfahrt ins Stocken, indem es sich hier in eine Autoschlange einzureihen gilt. An deren Quelle befindet sich, wie nach der ersten Stunde des Wartens und stückchenweise Vorrückens in der Ferne erkennbar wird, eine Schranke, die sich hin und wieder, in einem ungleichmäßigen und insgesamt trägen Takt, für jeweils ein Fahrzeug öffnet. Hat man diese bei Einbruch der Dämmerung erreicht, nähert sich schon nach wenigen Minuten von links ein Orange-Uniformierter, tritt an das geöffnete Seitenfenster heran und fragt den Fahrzeugführer streng, was man denn so dabeihabe. Während eingeschüchtert und ausführlich geantwortet wird, lässt der Hofwärter den Schein seiner Taschenlampe prüfend durch das Fahrzeug und abschließend auf die hierdurch geblendeten Gesichter seiner Insassen wandern. Das aufgrund einer umzugsbedingten Entrümpelungsaktion komplett vollgestopfte Wageninnere schürt in gleichem Maße seinen Argwohn wie seine Übellaunigkeit.

Dann folgt die gründliche Ausweiskontrolle. Der dabei als Nicht-Essener Entlarvte muss seine Taschen entleeren und eine eidesstattliche Erklärung abgeben, dass sich kein ihm eigener, also stadtfremder Müll im Fahrzeug befindet.

Nun muss man aussteigen und die Kofferraumklappe öffnen. Der Gesichtsausdruck des Kontrolleurs beim erneuten Blick auf den Wageninhalt sagt: „Freundchen, ich würd' fast wetten, dass hier zwischen den ganzen Möbel- und Holz- und Papierbergen auch Asbest- oder Leichenteile versteckt sind. Oder sogar Müll aus Bochum. Aber so kurz vor Schichtende ist mir der Fall jetzt zu arbeitsintensiv. Heute habt ihr also Glück, aber ich merk' mir eure Gesichter."

Nach dieser stummen Gardinenpredigt darf man sich demütig wieder in den Wagen setzen und erhält sogar die Pässe zurück. Nun nennt der Wertstoffhof-Wächter eine all meinen Erfahrungen nach völlig willkürliche Summe Geldes: Zwei zwanzig oder fünf siebzig oder achtunddreißig neunzig, je nach Lust und Laune, je nach Tagesform und Tageszeit vielleicht – oder nach Wetterlage.

Auf die gehorsame Bezahlung des derart eingeforderten Betrages folgt die Information, dass man jetzt noch kurz zu warten habe, bis einige Fahrzeuge den aktuell überlasteten heiligen Innenbereich der Anlage wieder verlassen hätten.

Gut 20 Minuten später ist es dann so weit: Der im Halbschlaf erstarrte Blick auf die Windschutzscheibe erwacht jäh durch das fast unwirkliche, herrliche Schauspiel der sich in der Dunkelheit majestätisch auftuenden Schranke. Währenddessen hallen die letzten Worte Hans-Dietrich Genschers aus dem Traum nach, aus dem man gerade gerissen wurde: „…um Ihnen mitzuteilen, dass Ihre Ausreise …"

Der Motor stottert kurz beim Anlassen, schmiert ab beim ersten, hektischen Versuch, und eine Schrecksekunde gräbt sich sinnlos ins Langzeitgedächtnis ein, denn im zweiten Anlauf klappt's, und man atmet auf, atmet durch, übermannt von dieser Erleichterung, dieser überbordenden Freude, das Fahrzeug setzt sich in Bewegung, und man will nur rufen: „Ja! Freiheit! Ja!

Danke, Gorbi!!!"

## **Vexierbilder** (2020)

Jüngst hab' ich auf dies Bild geseh'n,
erst ratlos, dann fast müde.
Doch plötzlich kam's, das Phänomen,
verblüffend wie perfide:
Die junge Frau, die man da sieht,
wird jäh zur alten Schachtel,
als würd' ein süßlich frohes Lied
verschoben um drei Achtel.

„Vexierbild" oder „Kippfigur",
Aufmerksamkeit erheischend
und den Betrachter dabei zur
Verblüffung optisch täuschend.
Zwei Bilder sind stets immanent
zur Zeit des Augenscheines.
Doch der Betrachtende erkennt
zu jeder Zeit nur eines.

Dies Bild bewirkt nun, dass ich weit
gedanklich weiterwander',
ein Sinnbild seh' für diese Zeit
und unser Miteinander:
Inmitten dieser Fronten, wild
und ständig uns empörend,
vertrau'n wir blind dem eig'nen Bild,
den andern gar nicht hörend.

Im Angriff suchen wir das Heil
beim Aufeinandertreffen
und finden's mutig, wichtig, geil,
einander anzukläffen.
Und alle sind sich selbst genug,
begehr'n den ganzen Kuchen.
Und keiner meint, es wär' mal klug,
das and're Bild zu suchen.

# Am Ufer (ca. 2017)

Ein Stückchen Holz seh' auf dem See ich treiben,
recht still und starr, behäbig schwimmt es dort.
Erst wirkt's, als würd's an einer Stelle bleiben.
Doch etwas scheint's nun langsam anzusaugen.
Ich folg' dem Weg zunächst nur mit den Augen
und seh': Allmählich treibt's die Strömung fort

und schwemmt's in Richtung Wasserfälle,
schwemmt's in die Ferne. Ich steh' auf,
beweg' jetzt auch mich von der Stelle,
spaziere, ganz gemächlich schreitend,
am See entlang, das Holz begleitend,
auf seinem stillen Wasserlauf.

Bald rascher wird's gezogen
von magisch forscher Hand
und tanzt in wilden Wogen.
Um's ja nicht zu verlieren,
muss ich jetzt galoppieren
entlang dem Uferrand.

Die starke Strömung
reißt's wild nun mit.
Fast Atemlähmung!
Ich seh's da hinten.
Oha: beim Sprinten
ein falscher Schritt!

Gleich flieg' ich,
rutsch' weg.
Da lieg' ich –
Au, Backe!
Au, Kacke!
– im Dreck.

Nach kurzer Zeit lässt das Gefühl des Schmerzens
schon nach, weicht wohl'ger Wärme überall.
Und ruhiger wird das Pochen meines Herzens.
Ein Stückchen Holz, dem ich nicht folgen konnt',
fiel tanzend hinter meinen Horizont,
dort in der Ferne an dem Wasserfall.

# Sprache über Sprache – dass ich nicht Lache

# Lisa und ihre vier chinesischen Freundinnen: Missverständnis oder Am Hähnchenstand ist jetzt zu (2007)

Lisa hatte eine Verabredung mit ihren vier chinesischen Freundinnen Li, Si, Tsi und Tsu.
Zuerst waren da: Li, die, so wie sie halt war, so wie Lisa zu früh war, sowie Lisa, die, so wie sie halt war, so wie Li zu früh war.

Lisa sah Li und Li sah Lisa.
Also, zuerst sah Lisa Li,
bevor dann Li Lisa sah.
Also Li sah Lisa, nachdem Lisa Li sah.
Vis-à-vis.

"Hi, Li!"
"Hi, Lisa!"
Li sah zum Himmel und sagte:
„Puh, Lisa, sieh, jetzt zieht es auch noch zu."

„Oh, Li, sieh!", sagte Lisa zu Li, „sieh, Li, da kommen Si und Tsi."
„Hallo, Si und Tsi! Wisst Ihr, wo Tsu ist?", fragte Li.
„Wozu was ist?", fragte Lisa.

„Nein", sagte Li, „wo Tsu ist."
„Wo zu ist?", sagte Tsi, „ja, oben am Markt, wo wir gestern waren an dem Hähnchenstand, da ist um die Zeit zu."
„Da ist Tsu?", fragte Lisa. „Wieso ist Tsu denn da? Der Hähnchenstand, der hat doch jetzt zu!"
„Sag' ich ja, da ist zu", sagte Tsi, „der macht erst um fünf wieder auf."
„Nein", sagte Li zu Tsi, „ich wollte nicht wissen, wo zu ist, sondern wo Tsu ist."
„Ach so, wo Tsu ist, ich hatte verstanden ‚wo zu ist'!"
„Wozu fragst du?", sagte Li.
„Wozu Tsu überhaupt eine Uhr besitzt!", sagte Si.
„Tsu ist am Hähnchenstand?", fragte Lisa.
„Nein", sagten Si und Li.

„Sieh, Lisa, sieh, Li, sieh, Si, da kommt Tsu!", schrie Tsi.
Sie winkte Tsu zu.
„Ich war noch am Hähnchenstand", sagte Tsu, „aber da war … zu."

## Der Traum (2022)

Der Abend war komplett verhext:
ein zähes und dann müdes Ringen
mit einem widerspenst'gen Text.
Der wollt' mir einfach nicht gelingen.
„Die Welt ist grenzenlos", das waren
die Worte, die zuletzt ich schrieb,
bevor, entsetzlich festgefahren,
bei diesem Satz ich hängenblieb.

Hatt' schließlich, eh das Reich der Träume
mich rettete aus meiner Qual,
ich gar ein Lexikon für Reime
im Netz bemüht zum ersten Mal?
Erinnern kann ich mich zwar kaum,
doch weiß ich klar, was dann geschah:
Ich hatte einen wüsten Traum,
der wundersam und lebhaft war:

Durch die vertraute Wohnungstür
trat ein ich in mein Elternhaus.
Seit frühester Kindheit kenn' ich hier
so gut wie nirgends sonst mich aus.
Kenn' den Geruch in jedem Zimmer
und weiß, wo jedes Möbel steht,
und wo und wie der Boden immer
leis' knarzt, wenn man darüber geht.

Im Flur das Muster der Bordüre
beschrieb' ich, ohne hinzublicken.
Erkenn' die Klinke jeder Türe
an dem Geräusch beim Runterdrücken.
Im Traum trat ich nun also ein
und schritt dann langsam durch das Haus.
Und alles schien vertraut zu sein
zunächst, und sah wie immer aus.

Doch plötzlich wurd' ganz anders mir.
Ein Schreck durchfuhr mich, denn ich sah
auf einmal eine Zimmertür,
die dort doch nie gewesen war!
Auch wenn mein Herz laut pochend schlug,
schritt auf sie zu mit Eile ich,
denn ich war neugierig genug.
Geräuschlos ließ sie öffnen sich.

Was ich erblickte, war kein Raum,
kein Saal und keine Halle, nein:
Die Weite, die ich sah im Traum,
schien endlos ausgedehnt zu sein.
Ich trat über die Schwelle und
stand jäh ganz starr, bewegungslos
auf einem and'ren Untergund.
Ich sah hinab: Es war ein Floß.

Ein Floß aus Holz und voller Moos.
Im Hals spürt' ich 'nen dicken Kloß.
Nach eines kräft'gen Windes Stoß
da ging mein Trip dann richtig los.
Das Wasser war zum Teil viskos,
so gab's bisweilen Stop-and-gos.
Am Ufer sah ich Bonobos.
War ich am Rande eines Zoos?

Ich rief: „Wo bin ich hier denn bloß?"
Der eine Affe, ziemlich groß,
sprach: „Vor der Grenze Mexikos.
Dort ist man ziemlich rigoros."
Der klein're sagte: „In Davos,
dem Reich des großen Pharaos!"
Dann lachten sie. Ich war moros
ob ihres Scheiß-Humor-Niveaus.

„Was nützt es, wenn ich mich erbos'?",
so dacht' ich, „die sind nebulos,
um nicht zu sagen dubios,
doch ist die Lage ausweglos."
Sie war'n bekleidet. Kurios!
Ich sprach: „Was sind das für Trikots?"
Sie sagten stolz: „Das sind Surcots,
und das hier oben sind Jabots."

Nun wurd' die Show erst recht famos:
Verwandelten die beiden Beaus
sich doch, begleitet von Rehauds,
zunächst ganz kurz in Eskimos,
der größ're dann in Mary Roos,
der klein're, nun auf ihrem Schoß,
in die Gestalt des Toni Kroos
im Stadium eines Embryos.

Dann sprachen sie: „Wir müssen los.
Zum Dach des Straßenbahndepots.
Dort gibt's – und das wird grandios –
den Vortrag eines Star-Griots,
der recht bekannt ist für Bonmots,
zum Thema: ‚Wirkt bei Frikandeaus
das Zwischenlagern in Rechauds
sich aus aufs Ausmaß des Flameaus?'

Mach's gut! Gleich triffst du auf ein Oz
und weiter unten auf Guyots,
dann auf das Zentrum Bamakos,
das gerad' erblüht durch eine Hausse.
Triffst du – der Tipp ist nicht dolos –
dort Toni Kroos und Mary Roos,
so hüte dich vor Quiproquos,
sonst werden die schnell odios."

Nun fiel ich plötzlich in ein Loch –
dann schreckt' ich hoch aus meinem Traum.
War kurz verwirrt, sah dann jedoch
durchs Fenster den vertrauten Baum.
Ich spürte einen tiefen Schmerz
und dass ich den nie mehr vertriebe:
Zu groß scheint für mein kleines Herz
das Haus der Sprache, die ich liebe.

## Unfreiwillige Wortspiele (2021)

So manches Sprachspiel wird nicht erdacht, sondern passiert un-
wissentlich. Dann taucht es im „Hohlspiegel" oder in Büchern
von Bastian Sick auf und ruft bildungsbürgerliche Häme hervor
– aber um die soll es hier gerade nicht gehen. Denn es wäre billig
und falsch, sich etwa über jene Floristin lustig zu machen, die
nach dem Volkstrauertag 2019 als Verantwortliche aus-
gemacht wurde für den ihr zuvor telefonisch diktierten Text auf
einer Trauerkranzschleife der Mülheimer SPD: „Den Opfern von
Krieg und Verschissmus" hatte da gestanden, und die Sozialde-
mokraten hatten dahinter zunächst einen fiesen Handstreich von
rechts außen vermutet.
Nicht mangelnde Bildung oder fehlendes Sprachverständnis lie-
gen solchen Missverständnissen zugrunde. Im Gegenteil wird
dem Gehörten und nicht klar Verstandenen mit Kreativität ein
Sinn verliehen, und hinter der unfreiwilligen Wortschöpfung tut
sich oft eine kleine Fantasiewelt auf:

Vor einiger Zeit sah ich in unserem Viertel eine ausrangierte
Spülmaschine auf dem Gehweg stehen. Ein Din-A-4-Zettel war
daran befestigt mit der Aufschrift: „Zu Verschenken. Noch im
Takt." Ist es nicht faszinierend, sich die Geschichte dahinter aus-
zumalen? Da hörte ein Kind zum ersten Mal im Leben den Aus-
druck „intakt", vielleicht in Bezug auf einen Drum-Computer.
Oder einen Wäschetrockner, der bei der Arbeit regelmäßige Rum-
pelgeräusche von sich gab. Ähnlich wie bei „Istanbul" (Hand aufs
Herz: Wer dachte nicht früher mal, es hieße Istambul …?) ver-
hörte sich das musikalisch früherzogene Kind aber – und zog die
entsprechenden Schlüsse. Nachdem es die Formulierung erneut
aufgeschnappt hatte, diesmal aber im Zusammenhang mit einer
Schiebetür oder einer zwischenmenschlichen Beziehung, folgerte
das Kind, dass es sich um eine Art Metapher handelt – und alles,
was nicht kaputt ist, als „im Takt" bezeichnet wird. Und so zog
sich das nun in den aktiven Wortschatz übernommene Missver-
ständnis bis ins Erwachsenenalter. Es wurde nie korrigiert, denn
gesprochen ist der Unterschied ja kaum wahrnehmbar, geschrie-
ben und rot angestrichen wurde der kreative Ausdruck während
der Schullaufbahn offenbar auch nicht, eine Computer-Autokor-
rektur kann hier keinen Fehler erkennen – und wer wird als er-
wachsener Schreiber schon von anderen Menschen berichtigt?

Eine mir bekannte Journalistin wurde es, nachdem sie in einem Artikel die Redewendung „Wer zuerst kommt, malt zuerst" mit eben dieser Schreibweise eingereicht hatte. So hatte sie das Glück, noch mit über 30 hinzuzulernen, dass hier keine Kindergartenregel zugrunde liegt, sondern ein mittelalterlicher Grundsatz für Bauern, die sich mit ihrem Getreide brav in die Warteschlange an der Mühle einzureihen hatten.

Um nochmals zu untermauern, dass mir derlei Wort-Schätze hier nicht dazu dienen sollen, mich über Fehler anderer lustig zu machen, komme ich nun zu meiner eigenen verbalen Fantasiewelt: Ich muss zugeben, dass ich kein stimmiges Konzept im (Hinter-) Kopf hatte, als ich vor einigen Jahren von neumodischen Schlafmöbeln hörte, die ich prompt als „Bock-Spring-Betten" einspeicherte. Die Erinnerung an schmerzhafte Erlebnisse beim Geräteturnen im Schulunterricht passte nicht wirklich zum horizontalen Ruhezustand. Als Erklärung kann ich lediglich anführen, dass die ebenso sportliche Kombination von „Boxen" und „Springen" mir in diesem Kontext noch abwegiger erscheint.

Stimmig allerdings finde ich (eigentlich bis heute) den früher in meinem Wortschatz wohnenden „Einfalls-Pinsel": Im Vergleich zu einer Rolle verstreicht ein Pinsel nur sehr wenig Farbe, und dementsprechend bringt eben der einfältige Mensch kaum Geistesblitze, Ideen, also Einfälle, hervor. Zumindest für mich ist das ebenso logisch wie jene Umschreibung für das dunkelste Kapitel der deutschen Geschichte, als Deutschland eindeutig „verschissen" hat.

Apropos dunkle Kapitel: Als Kind hatte ich jeden Sonntag in die Kirche zu gehen und weiß daher, dass auch die Liturgie der katholischen Messe so ihre Verständnis-Tücken hat: Seltsame Wörter tauchen in ungewöhnlich gebauten Sätzen auf, die es mitzuleiern gilt: „Herr, ich bin nicht würdig, dass du eingehst unter mein Dach", heißt es da etwa, und mein älterer Bruder gestand mir, wie er in Kindheitstagen diesen Halbsatz interpretierte: „Mein" nahm er als „mei'm" wahr, also einer im Ruhrgebiet nicht unüblichen Zusammenziehung von „meinem", denn nur so passte es ja grammatisch zum Verb, und es ergab sich eine nachvollziehbare Bedeutung: In sei'm Kinderzimmer nämlich war traurigerweise auch seine altersschwache Wasserschildkröte eingegangen. Dass aber Jesus bei uns zu Hause verendete, nein, dessen waren wir alle eindeutig nicht würdig. Zumal ja das Kreuz überhaupt nicht unter besagtes Dach gepasst hätte.

Die eigentliche Wortschöpfung aber, von der mein Bruder mir in diesem Zusammenhang erzählte, liegt in den folgenden Worten des „Vaterunser" begründet: „ ... wie auch wir vergeben unsern Schuldigern." Dem „Schuldiger" bin ich sprachlich außerhalb dieses Gebetes bis heute nie begegnet. Zudem wird die letzte Silbe beim gemeinsamen Sprechen auch noch seltsam überbetont. Was also soll ein Kind da denken? Die Fantasie meines Bruders löste auch dieses Rätsel:

„Vergeben", das war ja vielleicht so etwas wie „weggeben", „abgeben", etwa so, wie man den Plumpsack hinter jemandem fallen lässt. Nur war es nicht der Plumpsack, dessen man sich da zu entledigen gelobte, sondern jene Gestalt, die neben nicht minder abstrusen Wesen wie „Cherubim und Seraphinen" offenbar auch noch existierte im christlichen Kosmos. Ein Teufelchen, das immerzu verführte, sündig zu werden. Und dieser kleine Kobold, der Spaß am Bösen hatte, dessen Kern es war, die Sünde einfach gern zu haben, das war eben der „Schuldi-Gern".

Ein fairer Deal: Gott selbst führt uns nicht in Versuchung, wie auch wir stets unsern persönlichen „Schuldi-Gern" abzuwerfen bemüht sind.


Später schuf besagter Bruder (der etwa in Boris Beckers Alter ist) eigene Rituale: In seinem Jugendzimmer hatte er ein Teeservice nebst Kanne, Stövchen und Untersetzern aus Kork. Wenn Gleichaltrige zu Besuch waren, wurde stilvoll Tee zubereitet und genossen, dazu kamen Räucherstäbchen zum Einsatz. Ich vermutete eine in der Jugendkultur verbreitete Modeerscheinung: Die 16-Jährigen blickten herab auf den faden Beuteltee der Eltern und ihre profanen Sorten Hagebutte und Pfefferminz (oder wie meine Mutter bis heute sagt: Pfeffermünz); sie ließen sich Zeit und genossen das in Teeläden erworbene Gesöff demonstrativ.

Wohl auch, indem sie ähnlich wie Weinkenner den Geschmack schnalzend und schmatzend erkundeten und würdigten. Die Erwachsenen nämlich spotteten über den aus ihrer Sicht affigen Auswuchs jugendlicher Identifikationsstiftung, indem sie ein Wort für diese Altersgruppe schufen, das ich erstmals mit 11 las. Ich hatte noch keinerlei Englischkenntnisse (Latein in der fürften, die Weltsprache folgte dann erst in der siebten Klasse), und im „Stern" wurde über Bobbele berichtet, den 17-jährigen Wimbledongewinner. Einen Jugendlichen. Einen „Tee-Nager" eben.

## Kommunikationsprobleme mit Omma (2017)

Aufgrund der ständigen Verletzung
von Regeln bei der Zeichensetzung
ist es beschwerlich stets gewesen,
von Oma einen Brief zu lesen.

Doch schwer fiel's auch, ihr zuzuhör'n, der Omma:
Auch reden tat sie ohne Punkt und Komma

## Schüttelreime – zeitgenössisch (2022)

*Die Königsdisziplin der Reimkunst ist der Schüttelreim. Beim Verfassen von Schüttelreim-Versen passiert es aber leicht, dass man auf Ideen kommt, die schon von anderen Kreativen entdeckt wurden. Denn aufgrund der speziellen Reimform und Herangehensweise sind mögliche Silbenkombinationen naheliegend. Zur Lösung dieses Problems hatte ich vor kurzem die Idee, frisch in den Wortschatz gelangte Ausdrücke zu verwenden, wie man sie etwa in der höchst kreativen Jugendsprache findet. Diese erschloss ich mir durch Internet-Quellen und verweise bei etwaigen Verständnisschwierigkeiten auf selbige.*

Zwei Lehrer war'n im krassen Clinch.
Es hieß aus beiden Klassen: Cringe!

Ob des Geschmacks der Schoko-Quiche
sprach überrascht die Coco: „Sheesh!"

Mit manchen Boys, mit smarten, feschen
woll'n Girls auf Klassenfahrten smashen.

Zum Klo bei mei'm Kollega musst' ich,
und fand's nicht. Er fand's megalustig.

Des Lebens Reiz, oh, Scheiße, nein,
ist oftmals nur der nice Schein.

*Hitzig wird seit einiger Zeit die Diskussion über die sogenannte Gender-sprache geführt. Doch bei allen kontroversen Argumenten wurde ein Faktor bislang kaum berücksichtigt: Was bedeutet die Abschaffung des generischen Maskulinums für die Dichtkunst? Gerade Dichtende, die sich Reimen und Versmaßen verschrieben haben, stehen angesichts sprach-melodisch kakophonischer Wortungetüme vor ganz neuen Problemen ...*

## Schiller im 21. Jahrhundert (2022)

Von der Stirne heiß
rinnt des Schillers Schweiß:

Will den Segen er von oben,
aus dem Lektorat, gewinnen,
muss das Werk sie alle loben,
Meister wie auch Meisterinnen.

Und das raubt ihm den Verstand
und den feinen Fluss der Verse:
„Frisch, Gesell*innen, seid zur Hand,
Männer, Frauen und Diverse!"

*Doch es gibt Lösungsmöglichkeiten. Als Beweis hier zunächst die im Wortsinne altbackene und dann die zeitgemäße Version einer poetischen ...*

## ... Ode an ein süßes Backwerk (2022)

(1) Die Leonie stieß gerade
beglückt auf Marmelade
und sprach: „Das ist ja lecker."
Mama sprach: „Nicht Turiner,
nicht Wiener – nein, Berliner,
so heißt dies Werk vom Bäcker."

(2) Kind Leon*ie stieß gerade
beglückt auf Marmelade
und sprach: Das ist ja lecker innen.
Das Elter sprach: „Hör hin:
das heißt Berliner*in
und ist das Werk von Bäcker*innen."

*Geht doch!*

41

# Der Wessi, der Ossi und Ozzy, der Uzzy! (2022)

Nach dem letzten Auswärtsspiel des Jahres 2021 war Fußballer Max Kruse vom Verhalten vieler heimischer VfL-Bochum-Fans wenig angetan und bezeichnete sie mit einem Begriff, den der kernige Ruhrpottler zwar nicht wirklich als Beleidigung empfindet, der aber dennoch problematisch ist. Allein schon orthografisch.

Der Sänger John Michael Osbourne hat einen Spitznamen, der dem fraglichen Begriff ähnelt und den deutsche Muttersprachler leicht aussprechen können: „Ozzy", eine Abfolge dreier Laute, die wir allesamt kennen. Olli oder Lotti liefern uns die gleichen Vokale wie jener Promi, und auch das mittige, säuselnd stimmhafte „s" (auch „weiches s" genannt), scheint uns vertraut, meinen Rosi und Gesa.
„Auf deutsch schreiben" aber können wir Ozzy nicht: Versuchen wir es mit „Osi", schreit dies nach einem Rosi-O-Ton, würden wir den aber durch ein Doppel-S zu ändern versuchen, würde jener S-Laut ja stimmlos („hart"), und nicht nur der Wessi spräche von einem Herrn aus den neueren Bundesländern, dem Ossi Osbourne.
Warum unser deutsch gedachtes Alphabet die Lautfolge nicht abbilden kann? Weil es sie im Hochdeutschen eigentlich nicht gibt! Beinhaltet eine betonte Silbe ein stimmhaftes „s", ist der davor befindliche Vokal lang: Der Ösi aus der Alpenrepublik verfügt über ein „ö" wie ein König, Oberhausens „A und O" finden wir fein gedehnt im „Gasometer", und auch Susi und Lisa kamen einst gut weg bei ihrer Vokal-Längen-Verlosung. Statt „busy" zu sein, können wir im Deutschen von den riesigen hiesigen Risiken lesen – und dabei jedes musisch summende „s" nur prosaisch mit diesen dösigen Lang-Vokalen auslösen!
So weit die Basis.

Nun aber die Ausnahme, die uns vor ein Problem stellt: Der Begriff „asozial" gelangte zunächst fachsprachlich in den deutschen Wortschatz, und ich nehme stark an, dass der erste Vokal ursprünglich lang ausgesprochen wurde, wie etwa bei „asymptomatisch" oder „asexuell". Von den Nazis wurde der Ausdruck einst übel vereinnahmt und schrecklich missbraucht. Das ist schade um das nach wie vor gebräuchliche Wort, gerade, seitdem es nicht mehr nur als plumpe Beschimpfung für angeblich untätige und -flätige Unterschichtler herhält, sondern auch im Gegenteil und Wortsinne dienlich ist: Hierzulande Gewinne machen und im Paradies versteuern? Asozial! Mit E-Fahrzeugen Milliardär werden und sich zum Spaß ins All schießen lassen? Asozial. Private Krankenkassen? Genau!

Dabei wird das Wort nun mit einem ebenso kurzen „a" eröffnet wie der Anorak.
Erst recht, wenn es dann in seine zweisilbige, nazi-unverdächtige Verniedlichungs-Form verkürzt wird; mit diesem kumpelhaften „i" am Ende wie beim Ami oder Abi.

Oder eben beim Maxi (Kruse), der die schreibende Presse damit vor das ‘Ozzy-Ossi-Rosi-Problem' stellte: „Max Kruse über Bochum-Fans: ‘Ruhrpott-Assis!'", titelte der Kölner Express.
Falsch! Ja, in Bochum waren neben einem Schiri auch zwei ihm zuarbeitende Assis zugegen (ehemals „Linienrichter"), die aber blieben in puncto unflätiges Sozialverhalten klassisch passiv, im Gegensatz zu jener Rasselbande, der man einen krassen Mangel an Assimilation vorwerfen kann, die aber keine Assi-Masse mit stimmlos-blassem „s" war!
Andere Medien schrieben „Asis" – aber schon liest mir in meinem Hinterkopf die Rosi ein langes „Stasi-A" vor: „Asis", das könnte ein Kose-Kurzwort für Menschen aus einem benachbarten Kontinent sein. Als Tourist fotografierte dann in Wien der aus Japan angereiste Asi den Ösi. Quasi.
Wie also jenes hier dem Ruhrpott-Fan zugewiesene Attribut schreiben, wenn dieser weder Asi noch Assi ist?
Mein erster Lösungsansatz lag in der internationalen phonetischen Lautschrift. Wenn Sie wissen, durch welchen Buchstaben das stimmhafte „s" dort dargestellt wird, drücken Sie jetzt den Buzzer!
Doch das „z", um das es geht, ist im Deutschen ja als Zischlaut besetzt: „Azis" sähen ja den erwähnten „Nazis" ähnlich und legten deren Aussprache nahe. Bleibt also nur ein echter, ozzy-artiger Pseudo-Anglizismus: Schreiben wir das Wort doch, als sei es ein englisches! Das Adjektiv hieße demnach „uzzy", als Nomen hätten wir es mit „einem Uzzy" zu tun. Und für Max Kruse war der letzte Arbeitstag des Jahres 2021 „ein Tag, an dem sich alle Ruhrpott-Uzzys in Bochum versammelt haben und dachten: Heute gehen wir ins Stadion."
Sein Team gewann übrigens 1:0. Muzzel gehabt.

43

## Dass ich nicht Lache (2022)

Schreiben wie man's spricht?
Nein, so läuft das nicht.
Sprechen, wie's da steht?
Geht nicht! Ganz konkret:

Mancher, der den Sommerurlaub bucht,
träumt vom Sandstrand einer schönen Bucht.
Mancher, der auf Flüchtlingswellen flucht,
ist vielleicht nur selber auf der Flucht.
Manchem, der der Sprache Logik sucht,
wird die Suche ohne Ziel zur Sucht.

Kurz- und Langvokale mit System …?
Groß- und Kleingeschrieb'nes, je nachdem …?

„Stimmt nicht!", merkt man schnell, und als Beleg
für das Gegenteil, das Logik-Leck,
zeig' ich hier: Solch ein Erklärungs-Weg
fällt nach kurzer Überprüfung weg.

Logische Sprache?
Dass ich nicht Lache!

## Gesetze und Freunde (2017)

Klar: Wenn er stürbe, müsst' sie raus,
weil's im Gesetz so stand.
Mit all ihr'm Kram müsst' sie das Haus
dann räumen kurzerhand,

mit Büchern, Möbeln und so fort.
Doch ihre Freunde alle
versprachen ihr per Ehrenwort,
zu helfen in dem Falle.

Und als es eines Tag's geschah
– sie musst' ihr Heim verlassen –,
war'n wirklich alle prompt dann da,
um tüchtig anzufassen.

Die Kraft von Freunden und Gesetzen
wird oft kaum wahrgenommen
und ist erst richtig einzuschätzen,
wenn sie zum Tragen kommen.

## Versschmied (2022)

Schon früh im Leben ging es los,
dass ich mich selbst als grandios,
ja, genial sah: ein Poet,
ein Künstler, der die Kunst versteht.

Das Handwerkszeug, das unbewusst
mir selbst als Nachweis dienen musst'
für ein Talent, von dem ich dachte,
dass dies mich doch besonders machte,

das ich benutzte, selbstzufrieden,
liegt letztlich im stupiden Schmieden
von Versen, die vor allen Dingen
schön gleich- und regelmäßig klingen.

Gestützt von stimm'gen Apostrophen,
vereint zu uniformen Strophen,
sind überdies stets meine Metra
befallen von der Reimpflicht-Petra.

So heißt die recht abstruse Muse,
die Zeilen prägt, auch mal diffuse,
oft mündend in Gedankenschrott,
fernab vom eigentlichen Plot,

und deren Name ihr erst eben
um ihrer selbst Will'n wurd' gegeben:
Sie könnte auch, je nach Exkurs,
Mareike heißen oder Urs.

In jenem, alten, starren Stil
treib ich auch hier mein eitles Spiel,
mit Versen, die sich selber schreiben,
weil ich mich nicht davon frei-

machen kann
oder will
nicht frei sein
kann oder will dafür

entfesselt

die wirklichen Worte finden oder
wenigstens
suchen zu
können

oder wollen

und so wird's wohl für immer bleiben.

## Das letzte, klassische Liebessonett (ca. 1995)

„Süß, göttlich, engelsgleich, bezaubernd, nett!"
Hab' jedes Adjektiv an dich verheizt.
Hab' klassische Metaphern ausgereizt.
Kein Mittel, das ich nicht verwendet hätt'.

Und trotzdem kamst du nicht mit mir ins Bett,
hast klassisch keusch und brav mit dir gegeizt,
die Beine keinen Fingerbreit gespreizt.
Jetzt bleibt noch ein Versuch mir: ein Sonett.

Noch klassischer, vollkomm'ner geht's doch nicht!
Und ist dies Werk auch ziemlich inhaltsleer,
so schau dafür auf Metrum, Reim und Vers!

Vollendet und perfekt ist das Gedicht.
So frag' ich dich nun: „Was willst du noch mehr?"
So frag' ich dich zum letzten Mal: „Wie wär's ...?"


## Sonett: Ein Demo (2021)

Wie ein Sonett gebaut ist, zeig' ich dir:
Dies war Vers eins, schon endet Nummer zwei.
Auf den gereimt wird jetzt die Zeile drei,
und auf den ersten reimt sich Zeile vier.

Und bring' ich nun die nächsten zu Papier,
Vers fünf und sechs, dann merkst du schon dabei:
Das strikte Schema dieser Reimerei
wird noch mal wiederholt und endet – hier.

Sechs Verse fehlen jetzt noch zum Sonett,
wobei auch hier sich reimen je zwei Enden,
doch welche, sieht man jetzt nicht mehr so strikt.

Ich reim' Vers zwölf auf elf, um recht geschickt
ein Reimwort auf Vers neun dann zu verwenden.
Nun fehlt noch eins – schon ist's Sonett komplett!

# Sonderbare Liebespaare

## Sonett über Francesco und Laura (2011)

Sonette schrieb, verliebt mit Haut und Haaren,
Francesco einst an Laura. Aber nie
konnt' er erweichen und erreichen sie,
nie fruchtete sein werbendes Gebaren.

Sich sehnend, dran gewöhnend mit den Jahren
wurd' ihm ihr früher Tod dann irgendwie
zur Krönung seiner Liebesidiotie,
weil hiermit sie getrennt für immer waren.

Und weiter schreibend wahrte er ihr Bild.
Die größte Liebe bleibt stets unerfüllt,
bleibt ohne Jahre jahrelangen Sterbens.

Kein Alltag trübt das fantasierte Glück,
und kein Verfall den schönen Blick zurück,
kein Ziel enttäuscht am Ende langen Werbens.

## Ein trauriger Liebesreigen (2022)

Der Leon war Straßenbahnfahrer
und lange liiert mit Christine.
Sein Fahrplan mit ihr war ein klarer,
doch sie fuhr 'ne andere Schiene

und gab sich, nach höherem strebend,
Hans-Jörg, dem Piloten, bald hin.
Und Leon, ein Qual-Tal durchlebend,
traf Babsi, die Busfahrerin.

Die konnt' seinen Schmerz zwar betäuben,
doch hoffte vergeblich auf mehr:
Für ihn blieb das nächtliche Treiben
Christinenersatzverkehr.

## Warten (ca. 1991)

Ich habe seit Tagen schon nicht mehr gespült.
Es türmen sich lustig die Teller und Tassen.
Ich habe mich irgendwie träge gefühlt,
hab' lang überlegt und es dann seingelassen.

Ich habe die Küche, das Bad nicht geputzt.
Ich hab' nicht gebügelt, ich hab' nicht gewaschen.
Das Klo ist mit bräunlichen Rändern beschmutzt.
Im Kleiderschrank nichts – bis auf leere Bierflaschen.

Hab' mich nicht geduscht, nicht rasiert, nicht gekämmt.
Ich ess' nur und atme und rauche und trinke.
Ich trage seit Wochen nur dies eine Hemd.
In letzter Zeit wirft man mir vor, dass ich stinke.

Seitdem geh' ich gar nicht mehr raus aus dem Haus,
begnüg' mich damit, in die Glotze zu glotzen.
Treff' ich ein halbvolles Glas, trink' ich es aus.
Manchmal werd' ich blau, und manchmal muss ich kotzen.

Ich hab' nun seit Wochen schon nichts mehr gemacht.
Bin irgendwie müde. Ich bleib' im Bett liegen.
Die Rollläden sorgen für ewige Nacht.
Die Küche, das Klo, überlass' ich den Fliegen.

Kann mich nicht bewegen. Besteh' nur aus Fett.
Der Pizzamann bringt was. Ich kann gerad' noch beißen.
Dann Bier. Und dann rauchen. Die Kippe ins Bett.
Ich schaff's nicht mehr, sie auf den Boden zu schmeißen.

Die Trägheit. Das Warten. Das Sterben. Das Nichts.
Verfall ohne Wehr, ohne Kraft, ohne Mühe.
Fernab von der wohligen Wärme des Lichts
lieg' ich wie im Grab einfach da und verblühe.

Ich glaube, ich denke, ich wär' gerne tot
und fühl' mich, als wär' ich schon nicht mehr am Leben.
Fast gleichgültig liege ich in meinem Kot,
seh' Spinnen zu, die gerad' ihr Netz auf mir weben.

Doch weiß ich: Bald naht mir die Rettung, das Glück.
Ein paar lange Tage noch müssen vergehen.
Dann kommst du, mein Schatz, aus dem Urlaub zurück.
Du wirst sicher froh sein, mich wiederzusehen …

## All about Eve (2013)

Ich gestehe: Ich hab' auch diesmal meiner besseren Hälfte wieder Parfum zu Weihnachten geschenkt: *All about Eve.*
Wenn schon in Ermangelung origineller Ideen was klischeemäßiges schenken, dann aber richtig. Parfum für die Frau!
Wenn man eh schon genervt und übelgelaunt und null inspiriert zig mal durch die überfüllte Innenstadt gerannt ist und dann aufgibt und denkt: „Jetzt kauf' ich halt was Fantasieloses", dann kann man sich zur Buße auch die Höchststrafe aufbürden, mit dem ganzen entwürdigenden Drumherum, das sich ergibt, wenn man als annungsloser Mann zu Douglas geht in der Vorweihnachtszeit, beraten von einer wohlriechenden Verkäuferin, der das Sujet ihres Berufs also am Herzen liegt, und die spätestens in dem Moment das höchstmögliche Maß an Geringschätzung an den Tag legt, wenn sie sieht, dass man einen Zettel in der Hand hält und jetzt beabsichtigt, vorzulesen, was man im Badezimmer den Etiketten der ganzen Fläschchen entnommen hat.

In der Regel funktioniert es letztlich, auf diese Art ein passendes Geschenk zu erwerben. Im Jahr davor lief es bei mir allerdings etwas unglücklich, da mir die Verkäuferin zu dem einen besonders hübschen Fläschchen, für das ich mich im Bad fachmännisch entschieden und dessen Etikett ich abgeschrieben hatte, dann stirnrunzelnd sagte, das gäb's aber nicht als Frauenduft.
Ich entgegnete: „Muss aber ... Steht ja bei uns zu Hause rum ... Wie soll das anders erklärbar sein?" Aber sie meinte, nein, das auf meinem Zettel sei ganz sicher ein Eau de Toilette für Männer.
Das hat mich ein bisschen zum Grübeln gebracht: Wir wohnen zusammen ... Ich meine, selbst wenn sie einen heimlichen Liebhaber hätte, der manchmal in meiner Abwesenheit ... Aber der würde doch nicht sein Eau de Toilette bei uns stehen lassen ...
Außer er wüsste, dass es mir nie im Leben auffallen würde.
Wer weiß, was die beiden so über mich witzeln ...?
„Eau de Toilette", ich weiß überhaupt nicht, wie man so was benutzt, das ist doch auch so was wie Parfum, oder ...? Gibt's da einen Unterschied? Keine Ahnung. Nicht mein Thema, nicht meine Welt, nichts für mich, will ich gar nicht wissen, was das genau sein soll, muss ich auch nicht wissen.
Jedenfalls: Ich zog letztlich den einzig logischen Schluss. Und war ein bisschen irritiert, dass meine Partnerin offenbar manchmal

auch Männerparfums benutzt. Vorsichtig sprach ich sie nach Weihnachten auf das Fläschchen an, und sie sagte: „Ja, das steht da doch schon ja seit Jahren unbenutzt 'rum, das ist nicht von mir ... Ist das nicht deins? Ich glaub', das hast du irgendwann mal von mir zum Geburtstag bekommen, ja, richtig!" Und ich dachte: „Ja, richtig ... "

Diesmal aber konnte nichts schiefgehen, nichts peinlich werden beim Parfumkauf, denn ich war aus erster Hand instruiert: Sie selbst hatte mir gesagt, was sie sich als *Duft* wünscht, damit ich das meiner Mutter erzähle, die noch einen Wunschzettel meiner Partnerin erbeten hatte. Aber in Ermangelung besserer Ideen dachte ich am nächsten Tag: Vorweihnachtsgeschenkkaufstress ist Krieg, da kennt man keine Verwandten, da muss Mama jetzt gucken, wie sie klarkommt, ich kauf' das jetzt selber ...

... und so gehe ich bestens präpariert zu Douglas – ohne Zettel – und sage ganz souverän und überlegen lächelnd, weil auswendig gelernt: „Ich möchte *All about Eve* von *Donna Kay New York* ... "
Das überhebliche Lächeln der Verkäuferin schwindet, und sie fragt, offenbar auf dem falschen Fuß erwischt: „Äh ... Was?"
Okay, denke ich, der Parfum-Experte, gern wiederhole ich das nochmal, auch auf nachsichtige, rücksichtsvolle Art, langsam und deutlich, kann ja nicht jeder gleich Bescheid wissen: „Ich möchte *All about Eve* von *Donna Kay New York*."
Wir sehen einander fest und prüfend in die Augen. Sie lächelt. Ich lächle. Draußen schlägt eine Kirchturmruhr zwölf Mal.
Sie sagt: „Das sind zwei verschiedene Sachen."
Sie will mich auf die Probe stellen, sie blufft. Aber diesmal weiß ich es besser. Und sage im Brustton der Überzeugung:
„Ja, wie jetzt?? Nee ...! Oder ...?"
„Doch", sagt sie, „da bringen Sie was durcheinander." Und lächelt, scheinbar ihrerseits nachsichtig und freundlich, aber mit subtiler Arroganz.
„Nein – nein, ganz sicher", sage ich mit heller Stimme, „*All about Eve* von *Donna Kaye* ... "
Sie unterbricht: „... *All about Eve* ist nicht von *DKNY*", wobei sie die Buchstabenfolge englisch ausspricht.
Schachmatt.
„Was ist denn jetzt *DKNY*? Ich kenn doch nur *NYPD* und *CSI Miami*", wimmere ich.
„*DKNY* ist *Donna Kaye New York*" sagt sie sanft. „Davon gibt's das hier."

Und zeigt auf die Parfums im entsprechenden Regal, De-Ka-En-Ypsilon, Di-Kay-En-Wai, Donna Kaye New York, verstehe.

Offenbar zwei verschiedene Sorten gibt's davon, ähnlich designte Etikette, aber unterschiedliche Farben. Wie bei zum Beispiel Marlboro und Marlboro light. Oder Heim- und Auswärtstrikots.

„Ja, das ist sind ja zwei verschiedene", sage ich hilflos.

„Ja, und dann gibt's auch noch *All about Eve*", triumphiert sie, „das steht da hinten. Das ist aber nicht von *DKNY*." Dann versetzt sie mir den letzten Stich:

„Das gibt's übrigens als Parfum und als Eau de Toilette. Sie wissen ja sicher, was ihre Partnerin lieber mag."

Nach zügiger, männlich-mathematischer Analyse der Situation kaufe ich das Parfum *All about Eve*.

Das Parfum, weil das Klischee-Geschenk schließlich Parfum heißt und nicht Eau de Toilette, ich befinde mich in einer Parfümerie, nicht in einer Eau-de-Toilletterie.

Und für *All about Eve* entscheide ich mich, weil es davon wenigstens nicht auch noch eine Auswärtstrikot-Variante gibt, so dass mir die Wahrscheinlichkeit höher erscheint, das richtige zu wählen. Ob das logisch ist, weiß ich in diesem Moment selbst nicht mehr, aber ich will hier raus.

An Weihnachten fiebere ich dann gespannt, als meine bessere Hälfte das Geschenk schließlich auspackt. Aufgrund des charakteristischen Outfits des Päckchens ist die Erwartung eines Überraschungsmoments seitens der Beschenkten weit weniger gegeben als bei mir.

Sie packt es also aus, sieht es an, irritiert, eine offenbar ihr völlig unbekannte Flasche, sagt „aha", macht es auf, riecht daran, sagt, „aha, fruchtig, nicht schlecht, mhmmm, ja, danke."

...

„Ja, aber das ist doch *All about Eve*", sage ich, „das hast du dir doch gewünscht."

„Ach ja?", sagte sie, „nun, da hab' ich mich wohl irgendwie vertan mit dem Namen von dem *Duft*."

Und am nächsten Tag ist wieder Weihnachten, wieder Geschenke, sie packt das Päckchen ihrer Schwester aus und freut sich riesig: „Ahh, hey, *DKNY*!"

„Ja, ich wusste doch, dass du das magst!", sagt die Schwester. *„Be Delicous* von *DKNY*, ist doch dein Duft!" Und sie lachen und freuen sich.

Und in dem Moment, als ich mich grübelnd frage, wie um Himmels willen man denn die Namen *Be Delicious* und *All about Eve* miteinander verwechseln kann, sagt sie: „Ach ja, ich wusste doch, es hat irgendwas mit Äpfeln zu tun."

Und nach zehn Sekunden Nachdenken sage ich: „Hey, Moment, *Golden Delicious*, Apfelsorte, verstehe – aber was hat denn bitte der Name *All about Eve* mit Äpfeln zu tun?"

Da sagt sie: „Na ja, Eve, Eva. Adam und Eva, Paradies – Apfel."

Kein Wunder bei solchen weiblichen Assoziationsketten, dass ich mit meiner mathematischen Logik nicht ans Ziel gekommen bin. Im nächsten Jahr, denke ich, werde ich ihren Wunschzettel für meine Mutter dann doch besser plangemäß weiterleiten.

## Kopf verdreht (2001)

Du hast mir den Kopf verdreht,
wie es keine vor dir tat:
So um hundertachtzig Grad
drehtest du das Ding herum.

Du hast mir den Kopf verdeht.
Das sieht ziemlich scheiße aus.
Einsam bleib' ich nun zu Haus',
dreh' den Fernsehsessel um.

Noch gestern hab' ich dich geküsst
und dich umarmt. Nein, wie ironisch,
dass dies heut' kaum noch möglich ist
– ich mein', allein schon anatomisch.
Traurig, dass es nicht mehr geht:
Du hast mir den Kopf verdreht.

Du hast mir den Kopf verdreht.
Das Rasieren fällt mir schwer.
Schreiben kann ich auch nicht mehr.
Selbst beim Essen wird's brisant.

Du hast mir den Kopf verdreht.
hilflos sitz' ich am Klavier,
stolpere von dort nach hier
und lauf' ständig vor die Wand.

Ich schwelg' in der Erinnerung
an uns'ren großen Augenblick.
Du sagst: „Das war's. Entschuldigung.
Hak's ab! Schau vorwärts, nicht zurück!"
Sagst du mir mal, wie das geht?
Du hast mir den Kopf verdreht!

Du hast mir den Kopf verdreht,
wie es keine vor dir tat.
So um hundertachtzig Grad.
Sag' mir: Geht's dir ebenso?

Hab' ich dir den Kopf verdreht?
Wenn's so ist, lass es mich wissen.
Dann woll'n wir uns wieder küssen.
Mund an Mund – und Po an Po.

## Frau Holle (2013)

Ich schau' frustriert zum Fenster raus.
Die Welt der Feen und Trolle,
in der ich leb', ist mir ein Graus.
Dank meiner Frau: Frau Holle.
Die Märchenwelt war einst so klar,
Frau Holle war 'ne tolle.
Doch heut'? Hört auf, ich kenn' sie ja.
Und hadere und grolle.

Ich schau' frustriert zum Fenster raus.
Denn meine Frau, die Irma,
ist bei der Arbeit, außer Haus,
in der Matratzenfirma,
wo alles mit ihr steht und fällt,
mit Chefin Irma Holle.
Und ich bin wegen Elterngeld
nun Hausmann, und ich schmolle.

Ich schau' frustriert zum Fenster raus,
gestellt auf mich alleine.
Ich schüttel' gerad' die Betten aus,
und drinnen schreit der Kleine.
Ich muss noch bügeln, saugen auch.
Ob meiner Hausmannsrolle
hab' ich schon etwas Wut im Bauch
auf diese Frau, Frau Holle.

Ich schau' frustriert zum Fenster raus
und resümier' mein Leben.
Mir ging's mal Gold, doch das ist aus,
hab' Pech nur an mir kleben.
Einst freut' über ihr'n Job ich mich
wie Bolle mit Frau Holle.
Doch jäh veränderte sie sich,
die eh'mals wundervolle.

Ich schau' frustriert zum Fenster raus.
Die ander'n Männer lästern
ob meiner Arbeit hier im Haus.
Und nun denk ich an gestern:
Da schmiegte nachts im Bette ich
ganz nah mich an Frau Holle.
Doch die sprach, dass sie jetzt nicht mich,
nein, was zu Knabbern wolle.

Ich schau' frustriert zum Fenster raus,
denk an den spät'ren Abend,
an Irma, sich beim späten Schmaus
an Knabbereien labend,
die ich ihr brav zuvor gebracht:
„Hier, bitteschön, Frau Holle!"
Sie fraß und grunzte dann „Gut' Nacht",
und dass ich schlafen solle.

Ich schau' frustriert zum Fenster raus,
derweil's auf Erden nieselt,
weil's, während ich hier schüttel', aus
dem Bettzeug leise rieselt.
Schon wundern sich die Erdenleut'
und sorgen sich ein bisschen
ums Klima, weil's jetzt Krümel schneit
von Chips und Flips und Nüsschen.

Ich schau' frustriert zum Fenster raus.
Die Welt der Feen und Trolle,
in der ich leb', ist völlig aus
den Fugen, wie Frau Holle.
Die Märchenwelt war einst so klar:
Frau Holle war 'ne tolle.
Doch heut'? Hört auf, ich kenn' sie ja:
Frau Holle. Meine Olle.

## Der Jäger (ca. 1998)

Mit Führungskraft, Fleiß und Geschick
kam er zu Ruhm und Geld.
Heut' ist er Chef einer Fabrik,
die Plüschtiere herstellt.
Er macht sich für die Firma krumm,
ist immer voll dabei.
Doch ist die Woche schließlich um,
dann hat er endlich frei.

In ihrer Freizeit greifen gern
beim Golf solch' Herr'n zum Schläger.
Nicht unser Herr der Teddybär'n.
Der sucht sein Glück als Jäger.
Er fühlt sich mächtig auf der Pirsch
mit seiner großen Büchse
und zielt auf manchen schönen Hirsch,
auf Hasen und auf Füchse.

Und oft bringt er ein Souvenir
von seiner Jagd nach Haus'
und stellt das ausgestopfte Tier
dann stolz im Keller aus.
Und wenn der Jäger dann und wann
dort einen Gast empfängt,
schaut der bewundernd alles an,
was da so steht und hängt.

Im letzten Augenblick erfror'n,
mit feuchtem Schnuppernäschen,
mit großem Blick und spitzen Ohr'n,
ein armes, kleines Häschen!
Dies ist sein liebstes Exemplar.
Wie's angespannt da steht!
Man sieht: Gerad' wittert's die Gefahr,
doch schon war es zu spät.

Nur eines stört den Jägersmann:
Dass sich sein Eheweib
nicht gerade sehr begeistern kann
für seinen Zeitvertreib.
Sie spricht von ihrer Fönfrisur,
er spricht vom Hirschgeweih.
Seit Jahren lebt man nur noch stur
am anderen vorbei.

Sie geht fast täglich zum Friseur
und kauft auch gerne Kitsch,
fährt Cabrio und trinkt Likör
und spielt mit Freunden Bridge.
Der reiche Mann, die schöne Frau
steh'n seltsam Seit' an Seite.
Bei ihnen weiß man nie genau,
wer Jäger ist, wer Beute:

Durch ihn genießt sie Sicherheit.
Durch sie fühlt er sich jünger.
So wickeln sie seit langer Zeit
einander um den Finger.
Strebt gierig sie nach Pelz und Schmuck,
macht gern sie sich zum Affen.
Verspürt er hormonellen Druck,
hat plötzlich sie die Waffen.

Oft spürt er jene Fantasie,
wenn wild sie ES genießen:
Er stellt sich vor, er könnte sie
mit seinem Schuss erschießen.
Und so, genau in dem Moment
müsst' ewig sie verharren;
verzerrte Miene, wild, enthemmt,
so würd' sie still erstarren.

Und zwischen all den toten Tier'n,
wo jedermann sie sähe,
da würde er sie dann platzier'n
als stolzeste Trophäe.
Im Stillen wünscht er, dass er dies
tatsächlich machen könnt'.
Doch sie, nichts ahnend, findet's süß,
wenn er sie „Häschen" nennt.

## Lisa und ihre vier chinesischen Freundinnen
## Pärchenabend oder: Männer sind Schweine! (2019)

Lisa und ihr neuer Freund Lars treffen sich zum ersten Mal mit Lisas alter Schulfreundin Susi und deren Freund. Zum Pärchenabend bei Lisa.

„Hi, ich bin Susi."

„Lars."

„Lisa."

„Die mit den chinesischen Freundinnen?", fragt Susis Freund.

„Genau", sagt Lisa und deutet auf ein Foto an der Wand im Flur: „Sieh! Si, Tsi, Tsu und Li."

„Wie? Lu und Li?"

„Nicht Lu! Tsu!", lacht Lisa. „Und du? Wie heißt denn du?"

„Vasily."

„Ich nenn ihn Wasi", sagt Susi.

Vasily verdreht die Augen und wendet sich dann wieder dem Foto mit Si, Tsi, Tsu und Li zu.

Lars lacht: „Kein Thema, Wasi! Mich nennt Lisa Larsi."

...

Vasily fragt: „War sie Li oder war sie Li?"

„Sie ist Si, sie ist Tsi, und Li ist die."

...

„Was findest du denn an Li?", fragt Susi Wasi.

Oh, oh! Susi und ihre Eifersucht: Lisa erinnert sich an damals, an die Schulzeit, an die schlimme Geschichte mit Janina und Nina.

Bei Nanunana.

Schon legt Susi los: „Was soll'n das, Vasily? ‚War sie Li, oder war sie Li?' Hm, Vasily?"

„Susi", sagt Lisa, „du darfst dich doch nicht so aufregen! Vergiss nie Nina!"

„Nina?", fragt Larsi.

„Komm mir jetzt nicht mit Nina! Die war doch nur peinlich und hatte damals jeden!", sagt Susi,

„und früher besuchte ja Nina nie Nanunana,

Janina ja, Nina nie,

aber kaum stand davor immer der süße Straßenmusiker,

mit dem einen Lied von Vaya Con Dios,

da stand ... im Nu Nina Nanunana nah!

Da sang vor Nanunana Nina ne-na-na-na."
...

„Nina?", fragt Wasi.

„DU kennst Nina?", fragt Larsi Wasi.
„DU kennst Nina?", fragt Lisa Larsi.
„Na ja", sagen Larsi und Wasi, „quasi."
...

„Aber", beteuert Larsi, „ich kam Nina nie nah!"
„Ich auch nicht, Hasi!", sagt Wasi. „Ich kam Nina nie nah,
Janina nie nah, Si nie nah, Tsu nie nah, Tsi nie nah
und Li nie ... zu nah, ... Nina ... äh, Lisa ... äh, Susi ..."
...

Epilog:
Dieser Versprecher war zu viel für Susi. Die Beziehung zwischen
Susi und Wasi – das war sie!
Kurze Zeit später –solo– sah Susi vis-à-vis, wie Vasily Li liebevoll
umarmte, und unumwunden gab bald darauf Vasily zu: „Ich zieh
zu Li."
Susi verzieh Wasi Li nie.


## Liebesgedicht aus der Zeit des kalten Krieges
(ca. 1991)

Irgendwann kommt der Atomkrieg – hoffentlich – !
Und es überleben ihn nur du und ich.
Wenn ich's nur bin, der dir dann blieb,
und wenn du dann zu mir kommst,
frag' ich dich: „Hast du mich lieb?"
Und du sagst: „Ja,
Scheiße,
wen denn sonst?"

## Die Fabel von der fetten Sahnetorte und dem scheuen Reh (ca. 1994)

Es war einmal ein scheues Reh,
das lebte lange Zeit allein.
Das Herzchen tat ihm oftmals weh.
Es wollte nicht mehr einsam sein.

Das Alter schlug schon arg zu Buche.
Es war nicht mehr ganz jung und frisch
und somit bei der Partnersuche
auch nicht besonders wählerisch.

Es traf auf eine Sahnetorte,
die war zwar klebrig, schleimig, fett
und eigentlich von übler Sorte,
doch irgendwie auch süß und nett.

Die Torte war direkt und rief:
„Ich will dich lieben bis zum Tode."
Das Reh, nun ja, es war naiv.
Bald blieb sie aus, die Periode.

Nach ein paar Monaten sodann
kam's, dass das Reh ein Kind gebar,
das bald, wie man sich denken kann,
weltweit eine Berühmtheit war.

Dies hat die Eltern zwar gestört,
doch war es gar nicht zu verhindern.
Man hatte ja noch nie gehört
bis dato von Reh-Torten-Kindern.

*Die letzten sieben Verse habe ich für dieses Buch umgeschrieben.
Denn die unbedarft mit Anfang 20 verfasste ursprüngliche Version
endet auf eine Art traurig und makaber, die mir heute nicht mehr
angemessen erscheint.*

# Bemerkenswerte Kreaturen

## Die nicht sehr helle Libelle (2022)

Ich traf eine Libelle
und sprach: „Gestattest du,
dass ich 'ne Frage stelle?"
Die Antwort war: „Nur zu!"

„Ich wollt' schon immer wissen,
ob ihr in Wirklichkeit
mit Stichen oder Bissen
für uns bedrohlich seid."

Das Tier war nicht sehr helle,
das hatt' ich bald kapiert.
Denn tumb sprach die Libelle:
„Weiß nicht. Hab's nie probiert."

Schon war sie fortgeflogen.
Das Fazit der Geschicht'
ist hiermit schnell gezogen:
Tumbe Libellen beißen nicht.

## Wurm, Vogel und Kater (2013)

„Der frühe Vogel fängt den Wurm."
Ich armer Wurm wälz' mich im Bett.
Da draußen klagt der Glockenturm,
dass ich total verschlafen hätt'.

„Der frühe Vogel fängt den Wurm."
Mir spätem Wurm tut alles weh.
In meinem Wasserglas ein Sturm.
Und der heißt Aspirin plus C.

In meinem Blut wohnt noch ein Pegel
von Alkohol, ein moderater,
von gestern Abend. Vorsicht, Vögel:
Der Wurm hat einen mächt'gen Kater …

So lasst für heut' uns friedlich leben:
Erst, wenn der sich verkrümelt hat,
will ich nach draußen mich begeben,
weiß: Alle Vögel sind schon satt.

## Das Gute, Wahre, Schöne (2022)

Helene zog einst aus
und in die Welt hinaus,
um diese zu ergründen,
vor allem eins zu finden,
beseelt von jener Tugend,
die vorkommt in der Jugend:
„Ich such'", so sprach Helene,
„das Gute, Wahre, Schöne."

Schon ging das Ziel der Reise
sie an auf ihre Weise:
Sie traf auf eine Stute
und sagte: „Meine Gute!
Ich such', das sind die Pläne,
das Gute, Wahre, Schöne.
Könn' Sie behilflich sein?"
Das Pferd sprach: „Leider nein."

Sie traf ein weit'res Tier
und fragte prompt auch hier:
„Verzeihung, Frau Hyäne,
das Gute, Wahre, Schöne,
ich wollt' Sie nur mal fragen,
könn' Sie dazu was sagen?"
Das Tier sprach mürrisch: „Nee.
Zudem bin ich ein Reh."

Helene stratzte weiter,
blieb wohlgemut und heiter,
und ihre Neugier groß,
doch auch ergebnislos:
„Entschuldigung, Frau Pute,
das Schöne, Wahre, Gute … "
„Pardon, Ihr Adebare,
Das Schöne, Gute, Wahre … "

Kein Tiergespräch verlief
so richtig konstruktiv:
„Ha'm Sie gerad' Zeit, Herr Frosch?"
„Hab's eilig, muss zum Squash."
Dann aber gab 'ne Kuh
ihr einen Rat: „Hör zu,
mein Kuh-IQ ist niedrig,
doch frag den Affen Friedrich."

Bald führten zwei Giraffen
sie zu dem weisen Affen.
Und der sprach: „Haste Töne?
Das Gute, Wahre, Schöne?
Was wir in schwülst'gen Worten
gemeinsam gern verorten,
das sind doch, ich muss lachen,
drei grundverschied'ne Sachen!"

Helene sprach: „Oh, nein!"
„Oh doch!", warf Friedrich ein:
„Willst du dich gut verhalten,
wird's sich nicht schön gestalten.
Auch ist der schönste Schein
zu schön, um wahr zu sein.
Hast du zur Wahrheit Mut,
ist die nie schön und gut."

Helene wurd' ganz übel:
Die Worte war'n plausibel.
Ihr Weltbild war zertrümmert.
So suchte sie bekümmert
ob ihrer bitt'ren Freiheit
nach einer neuen Dreiheit
und fand zum Schluss – na toll –
Sex, Drugs and Rock 'n' Roll.

## Unliebsamer Partygast
### (Reimexperiment 2 – am Ende misslungen) (ca. 2015)

Der Tanz, der Party-beat,
die Ausgelassen-heit,
das Pils, der Aqua-vit ...
Doch plötzlich war's so weit:

Ein Partygast, recht bie-der
und nicht besonders hei-ter,
der nervte mich mal wie-der.
Schnell sprach ich: „Ich muss wei-ter."

Denn wenn mich so ein bie-der-er
so nervt, so'n gar nicht hei-ter-er,
wär' mir nur eins zuwi-der-er,
und das wär' noch ein wei-ter-er:

Ein finsterer, bie-der-er-er,
unwesentlich hei-ter-er-er,
ein mir noch zuwi-der-er-er
trieb' die Wut noch wei-ter...er-er.


## Jugend-Aktionstag der EU (2022)

Streng rechts gesinnte Jugendliche,
verblendet finstr'e Wüteriche,
aus Deutschland teils und teils aus Polen,
wollt' friedlich man zusammenholen.

Das Thema, lebhaft diskutiert,
saucool als Frage formuliert,
und letztlich nicht geklärt in Gänze,
hieß: „Blöde oder nice Grenze?"

## Der religiöse Leistungssportler (ca. 2010)

„Herr, hilf, dass meine Muskeln mir
nicht gerade jetzt den Dienst versagen,
und dass in den Sekunden hier
ich meine schwere Last kann tragen.

Herr, hilf mir, mich zu konzentrieren,
dass ich die richt'ge Richtung find'.
Herr, du sollst meine Hand nun führen,
und stören soll kein Gegenwind.

Herr, hilf, dass ich entfalten kann,
was täglich ich im Training lerne,
auf dass die schwere Last sodann
sich möglichst weit von mir entferne.

Und, eh ich nachher wieder fluch':
Herr, hilf, dass ich nicht übertret'!"
So lautet vorm Finalversuch
des Kugelstoßers Stoßgebet.

## Kondom im Wald (ca. 2001)

Vor kurzem fand im Wald ich ein Kondom.
Ich sah sofort: Es lag dort länger schon,
seit Wochen oder Monaten vielleicht.
Es hatte viel geweint, war richtig feucht.

Ganz plattgedrückt sah's aus, und auch verschmutzt.
Es sprach ganz leis': „Ich fühl' mich so benutzt."
Das arme Ding, verstört und schon halbtot.
Kondome sind vom Aussterben bedroht!

Ich hob es auf und nahm es mit nach Haus
und wusch es gleich mit warmem Wasser aus.
Ich trocknete es, faltete es glatt.
Welch Mensch es nur so zugerichtet hatt'!

Ich denke nunmehr, es erholt sich bald.
Dann setze ich es wieder aus im Wald.
Denn ich will die Kampagne unterstützen,
in der es schließlich heißt: „Kondome schützen."

## Die Riesenboa (ca. 2000)

Einst auf der Arche Noah
da fehlte noch 'ne Boa.
Das sei, sprach man zu Noah,
'ne riesengroße Boa.
Von Bord ging nun der Noah,
zu suchen nach der Boa.
Nach Stunden dann fand Noah
im Regenwald die Boa.
Die Augen rieb sich Noah:
So riesig war die Boa,
so lang und dick, dass Noah
verwundert ausrief: „Boah!"

## Irre! (Reimexperiment 3) (2015)

Krippenspiel in unsrer Pfarre.
Ich muss hin. Wenn ich mich sperre,
trotzig frech zu Haus verharre,
bringt das Ärger und Geplärre.

Krippenspiel in unsrer Pfarre.
Das ist öd und macht mich kirre.
Jemand spielt recht schlecht Gitarre,
und die Handlung ist 'ne wirre.

Krippenspiel in unsrer Pfarre.
Bald ich mit den Hufen scharre:
Gleich gibt's Glühwein, den ich schnorre
– ist's auch meist 'ne üble Plörre.

Krippenspiel in unsrer Pfarre:
Plötzlich stürmt 'ne Frau, 'ne dürre,
auf die Bühne, zückt 'ne Knarre,
fordert Weihrauch, Gold und Myrrhe,

nimmt's und flieht zu ihrer Karre,
braust davon, und ich denk: Irre!
Die Geschichte, sonst 'ne starre,
war dies Jahr 'ne schön bizarre.

## Vertreibung aus dem Paradies - oder:
## Die zweite Woche (2010)

### Erster Tag

Adam und Eva machten am Morgen Liebe. Dann genehmigten sie sich ein ausgiebiges Beeren-Frühstück und zogen los, um ein bisschen die Schöpfung zu erkunden. Sie waren beeindruckt. Während Eva sich neben der schönen Landschaft vor allem für die Vielfalt und Schönheit der Pflanzen interessierte, war Adam besonders von den vielen Tieren angetan, die so anders waren als sie selbst und die doch, je nach Art, mal mehr mal weniger Ähnlichkeiten mit den beiden Menschen aufwiesen: Augen, Ohren, Nase waren meist zu erkennen, Extremitäten zum Laufen, Fliegen oder Schwimmen. Gott hatte offenbar verdammt viele Geschöpfe kreiert, dabei teilweise nur Farben, Formen und Größe variiert, teilweise aber auch bei Extras wie absurd langen Hälsen oder Nasen, sich verändernden Farben, harten Schutzpanzern, riesigen Stoßzähnen und vielem mehr seiner Fantasie freien Lauf gelassen.

Adam und Eva entdeckten auch ein totes Tier, ein Reh, offenbar von einem anderen Tier gerissen und dann teilweise verspeist. Vorsichtig traten die Menschen an den von Fliegen umschwirrten Kadaver heran und sahen sich so ein Geschöpf mal von innen an.

Am Abend lernten Adam und Eva dann noch überraschend Mirko und Erika kennen.

### Zweiter Tag

„Herr", sagte Eva am Nachmittag, nachdem sie und Adam ausgiebig Liebe gemacht, ihre Erkundungstour fortgesetzt, ihr Essen eingenommen und dann nochmals Liebe gemacht hatten, „Herr, uns ist langweilig."

„Puh, jetzt schon?", fragte Gott. „Hier, ihr könnt ein paar von den Knochen hier vergraben."

„Okay", sagte Adam.

„Was sind das denn für komische Knochen?", fragte Eva.

„Sie sehen seltsam aus", sagte Adam.

„So trocken und spröde sind sie", meinte Eva.

„Älter als sieben Tage sehen die aus, nicht wahr?", fragte Gott grinsend und schien irgendwie stolz auf die wundersamen Skelettteile zu sein.

„Aha, das ist es, sie sind alt", erkannte Adam.

„So sehen also alte Knochen aus", murmelte Eva.

„Vielleicht sehen sie aber auch nur so alt aus, hihi, und sind es gar nicht, hihihihi." Gott amüsierte sich offenbar prächtig und fuhr nun lachend fort: „Schließlich hab' ich ja erst vor neun Tagen angefangen, nicht wahr? Hahaha!"

Adam und Eva schauten einander vielsagend an. Irgendwie schon seltsam, der Schöpfer.

### Dritter Tag

„Herr", sagte Eva, „wir haben da mal eine Frage."

„So frag denn", antwortete Gott.

„Wir jagen ja hin und wieder diese Tiere und töten sie, um sie zu essen", begann Eva.

„Hast du uns ja erlaubt", fuhr Adam fort.

„Wir machen uns die Erde untertan", vervollständigte Eva.

„Und?", bat Gott die beiden, auf den Punkt zu kommen.

„Nun", druckste sie herum, „wir haben jetzt auch andere tote Tiere gesehen, die wir gar nicht gefangen hatten. Ein Vogel zum Beispiel, der lag auf dem Boden herum und sah auch nicht aus, als habe ein anderes Tier ihn gejagt und getötet. Er war einfach tot."

„Und?", wiederholte Gott ungeduldig.

„Na ja", meinte Adam, „Tiere sterben offenbar auch, wenn sie gar nicht umgebracht werden, dachten wir, und da haben wir uns konkret gefragt, ob das heißt, dass sie alle irgendwann sterben?"

„Das ist korrekt", sagte der Herr.

„Na ja, und dann", fuhr Eva fort, „haben wir uns gefragt, was dann eigentlich mit uns ist. Also mit uns beiden."

Gott seufzte.

„Werden wir auch sterben?", fragte Adam.

„Ihr seid neugierig", sagte Gott.

„Du hast uns so geschaffen", entgegnete Eva.

„Werden wir auch sterben?", wiederholte Adam.

„In der Tat", antwortete Gott.

„Und wie?", fragte Eva.

Gott zuckte mit den Schultern. „Tja, vielleicht werdet ihr von Löwen gefressen. Oder Herzinfarkt, mal sehen."

„Was ist das, Herzinfarkt?", fragte Adam.

„Das versteht ihr noch nicht", sagte Gott.

„Und wann werden wir sterben?", wollte Eva wissen.

Gott lachte. „Die anderen wissen auch nicht vorher, wann sie sterben."

„Die anderen", entgegnete Eva trotzig, „haben aber auch so gar kein Bewusstsein, die wissen doch auch vorher gar nicht, dass sie überhaupt sterben, oder?"

„Wusstet ihr bis gerade ja auch nicht“, konterte Gott.

„Aber jetzt wollen wir alles wissen!“, forderte Eva.

„Wann ihr sterbt, werdet ihr aber nicht wissen“, sagte Gott streng.

„Warum?“

„Darum.“

„Was heißt darum?“

„Na, ja, das ist halt der Plan.“

„Der göttliche Plan“, grummelte Adam.

„Genau“, flötete der Herr triumphierend.

„Du bist gemein“, sagte Eva.

„Was dagegen?“, fragte Gott scharf, „bitte, dann sucht euch gerne ’n anderes Paradies.“

Adam und Eva schauten bedröppelt drein.

Gott lachte glucksend auf.

„Du bist gemein“, stimmte Adam seiner Frau zu.

„Meinetwegen“, sagte Gott grinsend.

„Wir könnten vom Baum der Erkenntnis essen … “, stichelte Eva.

„Untersteht euch!“, drohte Gott und wurde sofort wieder ernst. In dem Punkt verstand er keinen Spaß.

**Vierter Tag**

Nach dem Liebesakt fing Eva schon wieder vom Baum der Erkenntnis an.

Adam konnte sie gerade noch davon abhalten, eine Frucht davon zu pflücken.

Plötzlich erschien Gott: „Na, ihr beiden habt wohl schon wieder Langeweile“, grummelte er und gab ihnen dann, zur Ablenkung, wie er sagte, noch ein paar Knochen zum Vergraben.

„Was sind das denn nun für Knochen?“, wollte Eva wissen.

„Dinosaurierknochen“, antwortete der Herr.

„Was ist das, Dinosaurier?“, fragte Adam.

Gott grinste: „Da müsst ihr die fragen, die nach euch kommen!“ Dann prustete er regelrecht los. Adam und Eva schauten einander irritiert an, langsam machten sie sich doch Sorgen, denn Gott hatte schon einen seltsamen Humor manchmal.

Nachmittags trafen sie sich erneut mit Mirko und Erika.

Gott hatte seiner Krone der Schöpfung freilich schon klargemacht, dass er es nicht so gern sah, wenn sie sich mit den beiden Artfremden abgaben. Aber er hatte ihnen ja in pathetischem Tonfall nur dieses eine Verbot gegeben, vom Baum der Erkenntnis zu essen. Nun konnte er schlecht im Nachhinein doch noch mit einem zweiten Verbot ankommen. Und doch hatte er versucht, Adam und Eva davon zu überzeugen, dass sie Mirko und Erika besser als Tiere betrachten sollten.

Aber je näher die beiden ungleichen Paare einander kennenlernten, je mehr sie lernten, miteinander zu kommunizieren und einander zu verstehen, trotz unterschiedlicher physiognomischer Voraussetzungen und trotz einer offensichtlichen geistigen Beschränktheit der beiden Neandertaler, desto mehr hegten Adam und Eva den Verdacht, bei den beiden anderen handele es sich um einen vorherigen, gescheiterten Versuch einer Krone. Wie lange der Schöpfer wohl schon auf seiner Erde herumexperimentiert hatte?

### Fünfter Tag

Als Adam und Eva am Nachmittag erneut bei Mirko und Erika zu Besuch waren, bewahrheitete sich der Verdacht, den die beiden Menschen schon gehegt hatten. Irgendwie waren sie auf das Thema Krone der Schöpfung zu sprechen gekommen, und Mirko sagte: „Das haben wir doch auch schon mal gehört."

„Seid ihr die Krone der Schöpfung?", fragte Erika. „Seit dieser Nacht, nach der ihr plötzlich da wart, haben wir nämlich von Gott nichts mehr darüber gehört."

„Eigentlich hat er gar nicht mehr mit uns gesprochen", überlegte Mirko.

Adam druckste verlegen herum. „Jaa, ich denke schon, wir sind das, so wie ich ihn verstanden habe", meinte er schließlich.

„Herzlichen Glückwunsch", sagte Erika freundlich.

„Wir gönnen euch das", versicherte Mirko. „Aber sagt mal, wisst ihr denn, was das heißt?"

„Na, ja, dass wir halt …" Adam wusste nicht recht, wie er es ausdrücken sollte, ohne dass es überheblich klang und die anderen kränkte.

„Hm, keine Ahnung, aber wie war das denn bei euch?", wich Eva aus.

Erika erzählte:

„Also. Es war spät am Abend, da waren wir plötzlich da, und Gott sagte zu uns: ‚Hört, ihr seid Erika und Mirko. Ich bin Gott, Euer Schöpfer, und morgen ist Ruhetag. Dann beginnt die neue Woche. Das könnt ihr euch schon mal merken: Eine Woche besteht immer aus sechs Tagen, und der sechste ist der Ruhetag.'

Wir sagten: ‚Okay, das können wir uns merken.'

Dann meinte Gott ganz feierlich: ‚Und hört, ihr seid die Krone der Schöpfung.'

Wir fragten: ‚Was heißt das? Krone kennen wir nur vom Baum.'
Gott sagte: ‚Naja, das ist eine ...' wie war das Wort noch ... ‚Metapher.'
Wir fragten: ‚Was ist eine Metapher?'
Gott sagte: ‚Ein sprachliches Bild, also passt auf: Wenn die ganze Schöpfung auf einem Baum versammelt ist, dann seid ihr in der Krone, also ganz oben.'
Und ich sagte: ‚Wie soll denn die ganze Schöpfung auf einen Baum?'
Und Mirko sagte: ‚Uiuiui, wie kommen wir denn da wieder runter?'
Und Gott war irgendwie unzufrieden mit uns und sagte: ‚Okay, lassen wir's für heute dabei. Aber apropos Baum, eine Sache noch: Es gibt da diesen einen Baum, Baum der Erkenntnis, von dem dürft ihr nicht essen ...'"
„Ah, den kennen wir auch", unterbrach Eva.
„Ja, das hat er zu uns auch gesagt", ergänzte Adam.
„Ganz schön schwer manchmal, nicht davon zu essen", grinste Eva, doch Erika und Mirko reagierten verständnislos auf das Grinsen.
„Und was habt ihr gesagt, als Gott euch das verboten hat?", wollte Adam wissen.
„Na, ja", sagte Mirko, „wir haben gesagt: ‚Okay'."
Erika fuhr fort: „‚Kein Problem', haben wir gesagt, und da hat Gott so was in sich reingegrummelt wie: ‚Die Krone muss eigentlich wissbegieriger sein'."
„Und dann", fuhr Mirko fort, „haben wir gesagt, wir müssen auch nicht die Krone sein, und dann war Gott irgendwie noch unzufriedener und hat gesagt, er sei jetzt müde und müsse nachdenken und eine Nacht drüber schlafen und mache erst mal Schluss für heute, und vielleicht brauche er doch für die Krone noch einen Extra-Tag. Dann haben wir eigentlich nichts mehr von Gott gehört bis auf die eine Nachricht am nächsten Abend: ‚Vergesst das mit der Krone. Nichts für ungut. Gott. P.S.: Es sind jetzt sieben Tage pro Woche'."
„Tja, und jetzt seid ihr also diese Krone", stellte Erika freundlich lächelnd fest, „schön, dass wir uns kennengelernt haben."
„Und wie ist das so als Krone?", fragte Mirko.
„Okay", sagte Adam. „Obwohl wir langsam glauben, Gott hat schon einen schrägen Humor, der einem manchmal auch ein bisschen auf die Nerven gehen kann."
„Es ist ein bisschen beängstigend", ergänzte Eva. „Er hat zum Beispiel Tiere gemacht, diese Fliegen, die leben nur einen Tag. Ist das nicht grausam? Und irgendwoher kommen dann wieder neue von ihnen. Er hat auch diese Käfer gemacht, weißt du, Adam, haben wir

doch gesehen, wenn die auf dem Rücken liegen, haben die ein richtiges Problem, dann rudern die mit ihren sechs Beinen herum, total hilflos, und kommen nicht mehr von selbst auf die Füße. Wir finden solche Schöpfungsspielereien echt doof, aber ich glaube, er meint so was irgendwie witzig."

„Tja, man kann sich seinen Schöpfer nicht aussuchen", meinte Erika.

„Jedenfalls", versicherte Adam, „finden wir es auch schön, euch kennengelernt zu haben."

### Sechster Tag

„Herr", sagte Eva, „wir haben da mal eine Frage."

„So frag denn", antwortete Gott.

„Wenn wir ja irgendwann sterben und ja die Krone der Schöpfung sind, was passiert denn dann nach uns?"

„Ihr seid neugierig", sagte Gott und grinste schon wieder.

„Ich meine, ist das Projekt dann zu Ende, wenn alle tot sind?"

„Oh, nein", meinte Gott.

„Machst du dann wieder neue Menschen?"

Gott lachte. „Ihr macht neue!", rief er dann und sah irgendwie ein bisschen irre aus.

„Wie machen wir das?"

„Ihr bekommt Babys. Kinder."

„Was ist das?", fragte Eva.

„Kleine Menschen", erklärte Gott, „viel kleiner als ihr, vielleicht wie eine Kirsche am Anfang. Sie sehen aus wie ihr, etwas andere Proportionen noch, ein paar unwiderstehlich süße optische Effekte. Ihr werdet sie lieben. Und dann wachsen sie und werden irgendwann wie ihr sein und wieder neue Kinder machen."

„Und wie bekommen wir so ein Babykind?", fragte Eva.

„Es wächst IN dir", sagte Gott, grinste weiter grell und betonte das „in" so pathetisch, dass er offenbar eine bewundernde Hörrückmeldung erwartete für diesen eindrucksvollen Kniff seines Schöpfungsplans.

Doch Adam und Eva schauten nur verwundert.

„Aber das ist doch unbequem", sagte Eva.

„Das ist es", sagte Gott.

„Und wieso sollten wir dann so ein Babykind machen?", fragte Adam.

„Na ja, nach ein paar Wochen ist es vorbei. Und dann kommt das putzige, kleine Baby, kann noch nicht sprechen, noch nicht laufen, kann nichts. Und ihr müsst es die ganze Zeit versorgen."

„Moment mal", sagte Eva, „hältst du uns für bescheuert? Wieso sollten wir so ein unselbstständiges, zeitraubendes Menschenbaby denn überhaupt machen?"

„Hey hey hey, junge Dame, jetzt mal ganz locker", sagte Gott drohend.

„Aber wirklich", kam Adam seiner Frau zur Hilfe, „wir müssten doch bekloppt sein, so ein Kind zu machen, das bringt uns ja nur Nachteile, nach dem, was du uns da erzählst."

„Okay", sagte Gott, „dann hört mal ganz in Ruhe zu. Erstens: Wie schon gesagt, der optische Aufbau des Babys wird euch auf eine Weise ansprechen, die ihr selbst nicht verstehen werdet. Ihr werdet es lieben, glaubt mir. Zweitens: Ihr werdet Babys haben wollen, weil ihr auf Dauer etwas Sinnvolles tun möchtet. Denn euer Leben ist von der Länge her eher auf Jahrzehnte als auf Wochen ausgerichtet, um so viel mal vorweg zu nehmen. Und euch ist ja jetzt schon langweilig. Paradies ist perfekt, Paradies ist schön, bequem und alles, aber eben auch langweilig. Ihr müsst euch beschäftigen, und so viele Dinosaurierknochen will ich euch auch nicht vergraben lassen, sonst kommen eure Nachfahren drauf, dass das ganze nur ein Bluff ist. Und gerade eure Sterblichkeit ist doch das Ding, ihr werdet wollen, dass etwas von euch bleibt, weiterlebt, dass ihr etwas hinterlasst."

„Ich weiß trotzdem nicht, ob wir Kinder wollen", meinte Adam.

„Also, ich muss auch sagen", pflichtete Eva ihm bei, „dass ich diese Freiheit doch sehr schätze, einfach mal morgens länger zu schlafen oder ein spontaner Kurztrip, vielleicht auch mit Freunden …" Hierbei sah sie Gott herausfordernd an.

„Drittens", sagte Gott ungerührt, „seid ihr schon dabei, ein Baby zu machen."

Adam und Eva schluckten.

„Was soll das heißen?", fragte Eva spitz.

„Wie machen wir ein Baby?", fragte Adam.

Gott schwieg, lächelte, schwieg weiter, lächelte breiter, schwieg, grinste.

„Na was?", fragten Adam und Eva schließlich wie aus einem Mund.

Gott gluckste.

„Was ist jetzt dein Trick?", fragte Eva genervt, „was hast du dir so tolles ausgedacht, wie machen wir diese Kinderbabys?"

Gott lachte. „Indem ihr Liebe macht, hahahahaha!!!", brachte er mühsam hervor und fuhr dann kichernd fort: „Wenn ihr Liebe macht, kommt Adams Samen zu Evas Eizelle, in Evas Körper verbinden sich die beiden und dann … dann … hahahaha …" Gott hatte Tränen in den Augen vor Lachen, „… dann wächst das Baby IN Eva, bis sie es irgendwann, hihihihi, einfach aushustet ...."

Adam und Eva sahen einander vielsagend an. Der Schöpfer hatte sie wirklich nicht mehr alle.

Am Abend fragte Adam: „Wollen wir noch Liebe machen?"

Eva sagte: „Keine Lust."

„Ich auch nicht."

„Sag mal, hast du das mit den Dinosauriern verstanden?"

„Auch irgend so ein Witz von ihm. Es muss irgendwas mit unseren Nachfahren zu tun haben."

„Wenn's die überhaupt gibt."

„Naja, wir können nicht ewig darauf verzichten, Liebe zu machen, oder?"

„Stimmt. Ich könnt' schon wieder ..."

„Wollen wir?"

„Hm. Nee lass mal lieber. Die Sache mit den Dinosauriern geht mir gerade nicht aus dem Kopf."

„Hm."

„Weißt du, ich hab' gedacht, wenn er es uns nicht erklären will, vielleicht verstehen wir's ja, wenn wir von diesem Baum der ..."

„Eva!!!"

„... und die Schlange hat auch gesagt ..."

„Eva!!"

„Aber juckt's dich nicht auch?"

„Eva ..."

„Hmm?"

„Na ja ..."

„Na los!"

„Scheiße!"

„Feigling!"

„Na gut."

„Dann los!"

„Okay."

## Siebter Tag

„Und das am Ruhetag", stöhnte Gott, „müsst ihr ausgerechnet in der Nacht vorm Ruhetag die Bombe platzen lassen?"

Er schüttelte den Kopf. Adam und Eva wären am liebsten komplett hinter ihren Feigenblättern verschwunden.

„Ich meine", fuhr der Herr fort, „ich habe mir ja gedacht, dass ihr irgendwann von diesem Baum der Erkenntnis essen würdet. Ehrlich gesagt, alles andere hätte mich enttäuscht, aber trotzdem muss ich euch doch jetzt schelten und bestrafen, und muss das denn ausgerechnet am heiligen freien Tag sein?"

„Musst du uns eigentlich so entwürdigen?", fragte Adam, und auch Eva ging plötzlich trotzig in die Offensive. „Wir stehen hier nur mit Feigenblättern vor unseren Genitalien, und du willst uns eine Moralpredigt halten? Obwohl wir uns schämen? Obwohl wir uns scheiße fühlen? Ich meine, wir sind hier nackt durchs Paradies gerannt und haben nackt mit unseren gleichfalls nackten Freunden zusammengesessen und haben nackt Liebe gemacht, splitterfasernackt, und du hast uns die ganze Zeit zugesehen, und jetzt willst DU UNS bestrafen? Wer von uns ist denn hier pervers?"

Gott schwankte zwischen Zorn und einem plötzlichen Lachanfall: „Ihr seid ja unverschämt, ihr ungehorsamen ... Aber das war schon ... Da hättet ihr nicht mit gerechnet, was? Die ganze Zeit seid ihr nackt und wisst es nicht mal, und ich kann euch, haha, kann Adams ... kann Eva direkt auf ihre ... hahaha ... in ihre ... hihihihihi!"

Adam und Eva hatten genug und waren ehrlich erbost.

„Wir wollen raus aus deinem tollen Paradies!"

Doch nun schlug auch bei Gott wieder der Zorn durch: „Ihr undankbaren, armen, kleinen Würstchen! Ich wollte euch eh gerade rausschmeißen! Jawohl, ICH bestrafe EUCH! Ihr geht nicht freiwillig, sondern ich werfe euch hinaus! Dass das mal klar ist!!!" Gott schäumte vor Wut. „Aber das reicht noch nicht als Strafe, wenn ihr ja eh gehen wolltet", fuhr er fort, „war das deine Idee mit dem Baum der Erkenntnis, Eva? Dann vergiss das mit den paar Wochen und der Kirschengröße und dem Aushusten. Monatelang wirst du deine Babys in deinem Körper mit dir rumschleppen, bis sie groß und schwer sind wie Melonen und dann werden sie ..." Gottes scharfer Tonfall bekam plötzlich einen ungewohnt bösartigen Touch „... dann werden sie deinen Körper auf die gleiche Weise verlassen wie bei den anderen Säugetieren, und das wird sehr, sehr schmerzhaft."

Adam und Eva sahen einander wieder einmal vielsagend an, diesmal entsetzt und regelrecht angewidert vom Schöpfer. „Jedenfalls", fuhr dieser unbeeindruckt fort, „bis heute Abend seid ihr hier raus!"

79

Als die Sonne unterging, saßen Adam und Eva auf gepackten Koffern.

„Hört mal", sprach der Herr, ihnen wie immer plötzlich erscheinend, „wir waren heute Mittag alle ein bisschen aufgewühlt, und wir könnten uns doch noch mal zusammensetzen und ... Wie seht ihr denn aus?"

Belustigt musterte er die aus Blattwerk hergestellte Kleidung, mit der Adam und Eva nun ihre Körper größtenteils bedeckt hielten.

„Wir haben uns was angezogen", sagte Eva spitz.

Gott kicherte schon wieder. „Findet ihr das nicht ein bisschen übertrieben? Haha! Ihr bedeckt ja alles jetzt! Ist euch das nicht zu warm? Hahaha, zieht euch doch noch was über die Köpfe, dann sieht man gar nichts mehr von euch, hihihi!"

„Also, wir wären dann bereit zur Abreise", sagte Adam trocken.

Gott hörte auf zu lachen, und seine Stimme wurde ganz ruhig und ernst: „Ihr wollt wirklich weg?"

„Ja."

„Ich gehe euch auf die Nerven, nicht wahr?"

Adam und Eva schwiegen betreten. Irgendwie tat Gott den beiden Menschen plötzlich leid.

„Ich hab's gewusst, ich bin nervig", murmelte er nun, „ich bin ..., na ja, ich bin ja auch allein, was könnt ihr da von mir erwarten an Sozialkompetenz?"

„Ist ja schon gut", sagte Eva tröstend.

„Und überhaupt", fuhr Gott fort, „man wird ja verrückt auf Dauer. Wisst ihr, meine wievielte Schöpfung das ist? Ich hab' schon aufgehört zu zählen. Immer wieder das Gleiche, Jahrmilliarden vergehen, und immer der gleiche Trott, Universum wird gemacht, Universum entwickelt sich, ich lehne mich zurück und gucke zu, Universum geht kaputt. Und dann mach' ich wieder ein neues. Ihr könnt euch das ja nicht vorstellen. Da wird man im Laufe der Zeit ein bisschen wundersam."

„Es ist okay", sagte Adam mild.

„Diese kleinen Scherze, die ich mir manchmal erlaube", sprach Gott weiter, „bitte versteht, früher war ich ja auch nicht so, aber, nun ja, für mich ist es halt auch so verdammt langweilig auf Dauer."

„Wir verstehen das", sagte Eva.

„Alles gut", sagte Adam.

„Was wird denn jetzt aus diesem Paradies hier?", fragte Eva.

„Keine Ahnung", antwortete Gott, „vielleicht mach' ich ein paar neue Menschen, ich könnte ja mal eine andere Hautfarbe nehmen, zum Beispiel grün oder ... haha, oder ..." Gott kicherte schon wieder, während er nachdachte, doch dann riss er sich zusammen und wurde wieder ernst. „Oder ich setz' mir hier erst mal nur ein paar Wellensittiche rein", sagte er melancholisch.

„Mach wie du meinst", sagte Eva und nickte dem Herrn aufmunternd zu.

Ein Moment der Stille entstand.

„Tja, dann sollten wir wohl mal aufbrechen", meinte Adam dann.

„Pass auf Erika und Mirko auf", bat Eva.

„Geht klar", sagte Gott, „sie werden ein nettes Leben haben. Aber danach ist Schluss mit dieser Art. Unter uns: Die beiden sind ja dumm wie Brot."

„Brot?", fragte Adam.

„Versteht ihr noch nicht", sagte Gott.

„Schade, dass wir uns jetzt auch nicht mehr fortpflanzen", sagte Eva.

Gott grinste noch einmal. „Ihr werdet's tun."

„So'n Quatsch", meinte Eva, „nicht, nachdem du mir das mit den Melonen auferlegt hast."

Adam ergänzte: „Und vor allem: Hast du 'ne Ahnung, wie wir uns schämen seit gestern Nacht? Nie mehr werden wir uns nackt ausziehen."

„Oh, doch, ihr werdet's trotzdem tun, gerade die Überwindung der Scham wird euch einen zusätzlichen Kick geben dabei, ihr werdet euch herrlich dreckig fühlen, wartet mal ab!", sprudelte Gott hervor.

„Kann ich mir nicht vorstellen", sagte Adam. Doch dabei fiel sein Blick auf Evas von Blättern verhüllte Brüste, und irgendwie verstand er mit einem Mal, was der Herr meinte.

„Adam!", rief Eva erbost, als sie sah, wie sich zwischen dessen Beinen das Blattwerk hob. Doch irgendwie musste sie grinsen.

Gott grinste auch. „Haha, ich hab's euch gesagt. Liebe machen ohne Erkenntnis ist unschuldig und nett, aber auf der Basis der Erkenntnis ist es noch viel intimer und intensiver. Jetzt ist es porno! Es wird ein Riesenspaß für euch, hihi, denkt mal an mich dabei, hahahaha!"

Gott lachte herzlich, dann fuhr er fort: „Ich hab' doch gewusst, dass ihr vom Baum der Erkenntnis esst und euch schämen würdet. Ich wär' doch nicht Gott, wenn ich das nicht einkalkuliert und die menschliche Geilheit erschaffen hätte. Jede Medaille hat zwei Seiten, wisst ihr, und Geilheit, das ist die andere Seite von Scham!"

„Was ist eine Medaille?", fragte Eva verwirrt, und zeitgleich fragte Adam: „Was ist porno?" Doch Gott fuhr nur stolz feixend fort: „Euer Trieb lässt euch Dinge wollen und tun, die ihr eigentlich selbst seltsam findet! Und das sogar, obwohl ihr wisst, dass ihr dabei lästige, kleine, unselbstständige Junge macht, die ihr jahrelang Tag und Nacht versorgen müsst und die euch den letzten Nerv rauben. Aber ihr könnt trotzdem nicht anders! Hahaha!"

Adam und Eva sahen einander an, diesmal milde lächelnd, denn der Deal kam ihnen gerade gar nicht so schlecht vor.

„So, jetzt aber nichts wie raus aus dem Paradies. Es gibt noch viele andere schöne Flecken auf meiner Erde. Übrigens auch solche", Gott zwinkerte, „wo ihr mal ungestört sein könnt." Adam und Eva lächelten verlegen, Gott sah ihre rosigen Gesichter und bekam noch einmal einen heftigen Lachanfall.

Ein donnerndes „Hahaha" war das letzte, was Adam und Eva hörten, ehe sie aus dem Paradies vertrieben wurden.

### Tierisches (2018)

Seitdem's den Menschen gibt und sich
Gedanken in ihm regen,
meint er: Klar bin als Krone ich
der Tierwelt überlegen.

Dies denkt der Mensch, der Strom in Licht
und Korn in Brot verwandelt
und Schall in Bytes. So schwant ihm nicht,
wie tierisch er oft handelt.

Er tigert durch die Läden, klar
zum Hamstern, Pfennigfuchsen.
Und mancher scheut sich nicht, sogar
zu mopsen, abzuluchsen.

Reizt eine Frau 'nen Mann, und der
vergisst schnell alle Regeln
und stiert und dackelt hinterher,
dann will er eins nur: vögeln.

Auf Partys reden Menschen Stuss.
Man hört im Schwarm sie geiern.
Sie echsen Gläser, und zum Schluss
da robben sie und reihern.

Ja, tierisch scheint gelegentlich
ein jedes Menschenkind:
Es drosselt, aalt und mausert sich,
bockt, büffelt, krebst und spinnt.

# Wenn scheinbar zwei dasselbe sagen ...

"Kopf hoch!"

*Tipp: Wenn Sie noch ein ganzes Jahr lang Freude an diesem Buch haben möchten, lesen Sie ab jetzt jede Woche nur genau einen der folgenden Texte! Zu deren Entstehungsgeschichte: Der erste Fünfzeiler entstand 2007 als Mini-Song und Bestandteil meines Programms „Lieder wo am Ende jemand stirbt".*

*13 Jahre später schenkte mir jemand die Idee, daraus eine Reihe zu machen, was mir offenkundig gefiel …*

*Einige Folgen sind übrigens (in musikalischer Form und mit Cartoons unterlegt) auch auf meinem Youtube-Kanal zu finden. Wäre dieses Buch modern, folgte jetzt ein QR-Code. Stattdessen folgende Anweisung fürs Eintippen: „Christian Hirdes Kanal Dasselbe wie Folge". Von da aus kommt man bestimmt irgendwie weiter.*

*Da in der schriftlichen Form der Gesangsrhythmus fehlt, hier noch eine Leseanleitung: Die vier langen Verse sind jeweils als siebenhebige Jamben gemeint, beim Schlussvers gilt es dann, beide Silben zu betonen. Auf geht's …*

Dasselbe sprach ein milder Vater zum geliebten Spross,
dem wegen der Latein-Fünf Wasser in die Augen schoss,
wie jener Henker, der verwirrt, mit Schlinge in der Hand,
vorm Delinquenten, der zum Doppelkinn tendierte, stand:
„Kopf hoch!"

Dasselbe ruft der Worcoholic, Smartphone in der Hand,
verdonnert zum Romantik-Wochenende auf dem Land,
wie jener Hobbysportler, der am Treffpunkt traurig steht,
als er den Kumpel mit dem Tennisschläger jetzt erspäht:
„Kein Netz!"

Dasselbe ruft der Fußballfan in aufgeregtem Ton,
als er den Stürmer wähnt in aussichtsreicher Position,
wie Mama vor der Klotür, als der Kevin frank und frei
berichtet, dass er mit dem Pipimachen fertig sei:
„Zieh ab!"

Dasselbe sprach der Kapitän, vom Chef der Reederei
befragt, was für das Unglück denn der Grund gewesen sei,
wie der Leander auf die Frage seines Vaters Bernd:
„Was hast du heute im Gitarrenunterricht gelernt?"
„Ein Riff."

Dasselbe sagte ER, als er in IHRE Augen sah
und hilflos wie beschämt ob ihres Tränenflusses war,
wie jener Trinker, als ein Freund ihm drastisch unterstellt,
er saufe wirklich alles, wenn's nur Alkohol enthält:
„Wein nicht!"

# Schlag ein!

Dasselbe sprach der Händler auf dem türkischen Basar
zu dem Touristen, als man sich nun endlich einig war,
wie der Ganove vor der Fensterfront, der stolz, beschwingt
heut' seinem Sohn zum ersten Mal die Arbeit näher bringt:
„Schlag ein!"

Dasselbe sprach der Jürgen, weil vom Krankenbett aus Liz
per Telefon und Laptop weiterhin den Laden schmiss,
wie Peter vor dem Bildschirm, spitz gefragt von der Jeanette,
ob er nun SIE oder die Glotze geheiratet hätt':
„Schon dich!"

Dasselbe sagt der Maler, als im Atelier geschwind
und schamlos das Modell sich zu entkleiden schon beginnt,
wie jener Jüngling, als die Nachbarsfrau, alt und erkrankt,
fürs Mähen ihres Rasens überschwänglich sich bedankt:
„Kein Akt!"

Dasselbe rief die Mutter, die ein strenges Zepter schwang,
ihr Kind nach alter Art zum Leeren seines Tellers zwang,
wie jene Seniorin, die ja oft Besuch bekam,
als arglos sie ein Klopfen an der Wohnungstür vernahm:
„Is' auf!"

Dasselbe murmelt Konstantin, denn das ist seine Art,
stets jeden Kartenwurf halblaut zu kommentier'n beim Skat,
wie jenes musikalisch recht begabte Kind beim Test,
nachdem der Lehrer einen weit'ren Ton erklingen lässt:
„Ein As!"

Dasselbe sagte ER, als SIE beim Kreuzworträtsel saß
und fragend laut „Gedenksäule mit sieben Lettern" las,
wie jener Chef zum Mitarbeiter nach dessen Bericht:
„Du, hör mal, von dem Schmidt das Geld ha'm wir noch immer
nicht."
„Mahn' mal!"

Dasselbe sagt der Pfarrer leis' und denkt dabei „igitt",
als endlich jene Frau in Weiß das Gotteshaus betritt,
wie der wortkarge Hausmann, jüngst gefragt von seiner Brut,
was die Mama in ihrem Job bei „Beck's" eigentlich tut:
„DIE BRAUT!"

Setz ab!

Dasselbe rief ein Möbelpacker, jäh entkräftet, aus
beim Schleppen des Klaviers in eines Pianisten Haus,
wie der Steuerberater, der den Künstler lange kennt,
als dieser ihm die Kosten des Klaviertransportes nennt:
„Setz ab!"

Dasselbe sagt der nette Juror in der Casting-Show
nach eines Rentners peinlicher Performance von „Hey Joe",
wie Brummifahrer Eberhard, gefragt von Sohn René:
„Du, wie viel Reifendruck hat eigentlich dein LKW?"
„Achtbar."

Dasselbe sagt Jasmin, als Olli renoviert im Bad
und Tim am Telefon fragt: „Na, was macht dein Gatte gerad'?",
wie Kim aus Köln, gefragt beim Smalltalk mit ihr'm Ex-Mann
Hein,
der jetzt in Kiel wohnt: „Na, was macht der gute alte Rhein?"
„Der fließt."

Dasselbe sagt die Frau des Autors hilfsbereit zu ihm
auf seine Bitte: „Nenn mir mal für ‚Mensch' ein Synonym",
wie Ruth, im Kindergottesdienst gefragt: „Auf welche Art
hat Gott uns hier auf Erden seine Botschaft offenbart?"
„PerSohn."

Dasselbe sprach am Frühstückstisch Janine zu Friederich,
als dieser nach der falschen Tasse griff versehentlich,
wie Elsa auf die Frage ihres Gatten Adalbert:
„… Und was fand dieser Graphologe so bemerkenswert?"
„Mein Tee!"

Dasselbe sprach Maria stolz, gefragt, als was der Knut,
ihr Sohn, denn nun beschäftigt sei im Forschungsinstitut,
wie auf dem Flohmarkt Petra, als ein Büchersammler sie
keck fragte: „Gilt das Preisschild für die ganze Trilogie?"
„ProBand."

Dasselbe ruft der Mann, der's Fenster öffnete mit Schwung,
nach draußen, angesichts nächtlicher Lärmbelästigung,
wie Papa Richtung Mama, weil er meint, dass doch bestimmt
es Zeit wird, dass der Säugling wieder Nahrung zu sich nimmt:
„Still jetzt!"

Dasselbe war's, was ein Star-Koch aus Höflichkeit noch sprach,
als er mal selber Gast war, kurz bevor er sich erbrach,
wie der Pastor, als vor der Taufe er den Paten sah,
so'n Cowboy, der zuvor wohl nie in einer Kirche war:
„Hut ab!"

Dasselbe sagt ein Broker, dem ein Freund die Frage stellt,
was er nun machen solle mit dem just geerbten Geld,
wie jene strenge Domina, vor der ein Sklave kniet,
und die aus ihrer Tasche nun ein Hundehalsband zieht:
„Leg's an!"

Dasselbe ruft ein Wandersmann, von großer Angst befreit,
nach einem Trip fernab der Pfade, den er längst bereut,
wie der Kioskbetreiber, dem ein Trunk'ner vehement
'ne leere Flasche vors Gesicht hält, hoffend auf acht Cent:
„EinWeg!"

Dasselbe sprach der Prof auf des Studenten Fragerei,
ob „der zwanzigste Fünfte und nicht Sechste" Deadline sei,
wie Resi, die von Traudl hört, dass Gretl offenbar
es lang schon mit der ehelichen Treue nicht eng sah:
„Ja mai!"

Dasselbe sprach im Wald zum Hund das Herrchen aufmerksam,
als ihnen eine Fahrradfahrerin entgegenkam,
wie zu dem interessierten Gast der stolze Hobbykoch,
gefragt: „Was neben Dill und Bärlauch schmeck' ich denn da
noch?"
„Beifuß!"

Dasselbe sprach Sportlehrer Hansen zu dem müden Marc,
der wieder mal statt Stretching faul nur auf dem Rücken lag,
wie Ulf auf Nicos Frage just in „Nikos Gyros-Grill",
ob Ulf sein Mahl heut' ohne oder mit Zaziki will:
„Mach mit!"

Dasselbe sprach der weise Dirigent, dem permanent
gestellt wird jene Frage nach dem Lieblingsinstrument,
wie jener Fußballtrainer, jüngst nach dem Remis bei Sky
gefragt, wer heute wohl das bess're Team gewesen sei:
„Klar wir."

Lebt wohl!

Dasselbe sagt ein Mensch zu seinen Lieben mit Bedacht,
bevor er sich mit One-Way-Ticket auf die Reise macht,
wie jenes Kind voll Forscherdrang, das wach und angeregt
dies Etwas untersucht und feststellt, dass es sich bewegt:
„… Lebt wohl!"

Dasselbe sagte nach der ersten Nacht im neuen Bett
ER knapp auf IHRE Frage, wie er denn geschlafen hätt',
wie jener Fußball-Trainer, dessen Club zum ersten Mal
dabei ist und auf Bayern trifft im DfB-Pokal:
„Traumlos!"

Dasselbe sagt der Landwirt, bei der Speed-Date-Plauderei
gefragt, was wirklich wesentlich für ihn im Leben sei,
wie die Studentin, als sie im Altgriechisch-Seminar
berichten soll, was in der letzten Sitzung Thema war:
„Das Phi."

Dasselbe sagt der Schiri, der auf Eckstoß erst entschied,
nachdem er sich mit seinem Assistenten kurz beriet,
wie jene Mutter, als 'ne ältr'e Frau nicht gerad' diskret
in ihren Kinderwagen schaut und Drillinge erspäht:
„EinWurf!"

Dasselbe sagt Ivette, beim Partyspiel vor jener Wahl:
„Mit wem aus der Historie träfst du dich gerne mal?",
wie Karls Gemahlin Gerda, deren Freundin Helga meint,
dass Gerdas neues Kleid ihr nicht gerad' vorteilhaft erscheint:
„Karl mahx."

Dasselbe rät entschlossen Gaby ihrem Gatten Klaus
beim ersten Blick auf dessen jüngst geerbtes, olles Haus,
wie Jill verliebt am Telefon dem Jörg, der sie vermisst,
seitdem er mit den Kumpels im Mallorca-Urlaub ist:
„Reis' ab!"

Dasselbe sprach die Annegret, gefragt von Claudia,
wie Tinas Freund so sei, der just zu ihr gezogen war,
wie die besagte Tina, jüngst besucht von Vater Frank,
der fragte: „Was ist das denn da für'n fürchterlicher Schrank?"
„Jens' Spind."

"EIN BRUCH!"

Dasselbe diagnostiziert der Kommissar direkt,
als er die Spuren an der Wohnungseingangstür entdeckt,
wie jener Arzt, der auf dem Röntgenbild es gleich erkennt
und nun, verständlich, auch für den Patienten, es benennt:
„EinBruch!"

Dasselbe sagt Mama besorgt, bevor der kleine Bert
zum ersten Mal allein zur Schule mit dem Fahrrad fährt,
wie Else zu Karl-Heinz, als der beginnt im Strandcafé,
Sechs Euro Neunzig 'rauszukramen aus sei'm Portemonnaie:
„Gib Acht!"

Dasselbe sagt ein Lyriker und Japan-Exilant,
gefragt, welche Gedichtform vorherrscht in sei'm jüngsten Band,
wie jener durchgeknallte Städter, der das Land genießt,
beim Wandern jetzt euphorisch gar die einz'lnen Tiere grüßt:
„Hi, Kuh!"

Dasselbe sprach ein Anwalt, just gefragt in der Kanzlei,
was denn an jener Kündigung so problematisch sei,
wie Tom, der Leni fütterte, als aus der Küche Brit
sich fürsorglich erkundigte nach Lenis Appetit:
„DIE FRIST!"

Dasselbe sagt zum Lehrer der Physik stolz die Nicole,
als sie einen Bestandteil des Atoms benennen soll,
wie jener Star-Tenor, der mit Vertragsinhalten prahlt,
und meint: „Ihr ratet nicht, wie man mich neuerdings bezahlt!"
„PRO TON!"

Dasselbe sagt der Schüler, der das Provozieren liebt,
zur Fragestellung „Nennt Berufe, die's bald nicht mehr gibt",
wie der Rundfunkreporter, der's nicht schafft, im ganzen Satz
zu schildern, was rasant sich zuträgt auf dem Fußballplatz:
„PASS-TOR!"

Dasselbe sagt zum Hausarzt der gebildete Patient,
als er verschämt den Ort seiner Beschwerden nun benennt,
wie jener schlaue Kandidat, bei „Wer wird Millionär"
gefragt, was für 'ne Art von Frucht die Esskastanie wär':
„A: Nuss."

"Auszieh'n!"

Dasselbe rief 'ne Schar von Männern, als verführerisch
in jener Bar ein Fräulein plötzlich tanzte auf dem Tisch,
wie die Mama, nachdem ihr dreißigjähr'ges Jüngelein
hatt' wissen wollen, was er tun könnt', um sie zu erfreu'n:
„Auszieh'n!"

Dasselbe sagte SIE zu IHM, als sie vor ihrem Saab
zwecks Autoschlüsselsuche ihm das Baby übergab,
wie der Toningenieur, als er den Dom betrat, wo bald
es ein Konzert des Stadtorchesters aufzunehmen galt:
„Hier, halt's!"

Dasselbe sagt das Kind des Lektors, das nicht gern viel spricht
und seines Vaters Job beschreiben soll im Unterricht,
wie jene Frau beim Nachbarinnen-Tratsch über den Mann,
der immer wieder sich solch teure Autos leisten kann:
„Der least."

Dasselbe ruft der Marco, der den Raum betritt zuletzt
und sieht, dass Oma sich am Tisch auf seinen Stammplatz setzt,
wie der Patient, als er sich vor die Praxistheke stellt,
ein Röhrchen der Sprechstundenhilfe vor die Nase hält:
„Mein Stuhl!"

Dasselbe sagt der Tierarzt, just nachdem professionell
mit einem Kamm er untersucht hat eines Hundes Fell,
wie jener bibelfeste Schüler, den der Lehrer frug,
was Abels Bruder tat, nachdem er selbigen erschlug:
„KAIN FLOH."

Dasselbe sagt Susann zu Walter, der auf zünft'ge Art
im Bett den Rücken ihr massiert, was er schon häufig tat,
wie Heinz zu Franz, der eine eig'ne Website hat erstellt,
und fragt, was die noch bräuchte, damit sie dem Heinz gefällt:
„MEHR LINKS!"

Dasselbe sagt der Schüler, dessen Fleiß sich macht bezahlt,
als im Musik-Kurs er 'ne Note an die Tafel malt,
wie jener Pathologe, der, anscheinend ungerührt,
des Sprengstoffattentäters Überreste grob sortiert:
„Ein Ceh".

"Mach Platz!"

Dasselbe sprach ein schwer belad'ner Pizzalieferant,
zu einem Kind, das ihm im Hauseingang im Wege stand,
wie jener Hundehalter, dessen Tier, brav und geübt,
sich daraufhin in die gewünschte Position begibt:
„Mach Platz!"

Dasselbe ruft das Teenie-Mädchen, das dem Vater dreist
den gerade abgenomm'nen Telefonhörer entreißt,
wie Barbara, die Frischvermählte, weil ihr Gatte Franz
sich wie ein nasser Sack bewegt bei ihrem Hochzeitstanz:
„Führ mich!"

Dasselbe sprach im Leichathletikunterricht der Kay,
gefragt, was beim Stabhochsprung wohl das Wesentliche sei,
wie Claire beim Klassentreffen auf die Frage von der Grit:
„Warum kam denn dein Ehegatte dieses Mal nicht mit?"
„Der stab."

Dasselbe lallte, frisch liiert, der Hans, gefragt von Piet,
worin sich seine Neue von den vor'gen unterschied,
wie jener Herr vom Niederrhein, als sich beim Après-Ski
die Wirtin brav erkundigte: „Und woher kommen Sie?"
„Meerbusch."

Dasselbe sagt Marie auf Timos „Sorry, wenn ich frag',
doch sag mal, wann genau war noch mal unser Hochzeitstag?",
wie die Schlangenfamilie, als Papa schimpft: „Ich fall' um!
Was für ein Dreckstall hier, was liegt da auf dem Boden rum?"
„Häute."